作者近影

1961 年农历十二月十九，和李秀云结婚留影

大女儿结婚时的全家福

平凡的人生

史点学 著

河南文艺出版社
·郑州·

图书在版编目（CIP）数据

平凡的人生/史点学著. —郑州:河南文艺出版社,2018.4(2022.5 重印)

ISBN 978-7-5559-0670-4

Ⅰ.①平… Ⅱ.①史… Ⅲ.①传记文学-中国-当代 Ⅳ.①I25

中国版本图书馆 CIP 数据核字(2018)第 071126 号

出版发行　河南文艺出版社
本社地址　郑州市鑫苑路 18 号 11 栋
邮政编码　450011
售书热线　0371-65379196
承印单位　河南龙华印务有限公司
经销单位　新华书店
开　　本　700 毫米×1000 毫米　1/16
印　　张　7.5
字　　数　91 000
版　　次　2018 年 4 月第 1 版
印　　次　2022 年 5 月第 2 次印刷
定　　价　50.00 元

1985 年春节全家留影

干女儿李凤云（后）
从长葛到渑池看望我时
合影

2002 年，深圳市留影

2002 年，广州市留影

2002 年，去往海南的轮船上留影

"广交会"期间在广州市留影

延安市留影

1985 年 4 月，与同事李红军（左）
在南阳诸葛草庐前留影

1994 年 5 月，与同事屈改献（右）
在仰韶文化遗址前留影

1987 年 6 月，与同事胡森木（左）、朱义乐（右）合影

1988 年 5 月，与同事代重庆（后排左）、陈福章（后排中）、李文琛（后排右）、安建伟（前排左）合影

2002 年，即将离开工作岗位，与同事们合影

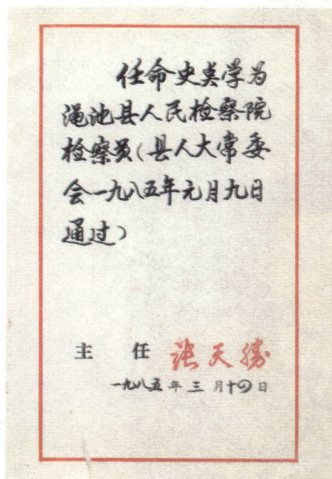

任命史英学为
渑池县人民检察院
检察员（县人大常委
会一九八五年元月九日
通过）

主 任 洪天锡

一九八五年三月十四日

兹聘请

史点学同志任渑池

县人民检察院审查起

诉科副科长。

检察长：

方延印

一九九二年五月廿八日

工作任命书

2008 年 3 月，在北京万里长城遗址前留影

2008 年 3 月，与妻子李秀云在北京天安门前留影

2016 年 5 月，与妻子李秀云在延安留影

职业资格证

我的好友史点学（代序）

人生交友，开始是加法。

但随着年龄的增长、岁月的流逝，朋友却越来越少。到最后，能倾心相知、始终如一的则所剩无几。

史点学是我年逾古稀之时所剩二三好友之一，我和他既是同学又是挚友。

常言说，物以类聚，人以群分。他刚正不阿的性格，忠厚质朴的本性，艰苦朴素的作风，廉洁奉公的敬业精神，机动灵活的工作方法，出类拔萃的工作能力，不计恩怨的包容品格，恬淡乐观的生活态度，对党和人民的无限忠诚，白发初心的坚守，是我们相知相交、友谊日笃的基石。

我们虽相距十几里路，但距离隔不断我们之间的友谊和交往。手机问讯如同家常便饭，有时夜里刚刚睡下，手机响了，响了就聊；有时还正做着好梦，电话响了，响了就聊。有时觉着手机聊着不过瘾，开上车就去他家，侃侃玩玩，说说笑笑，吃吃喝喝，尽兴而归。有时我在家看书写字，冷不防他来了。来了就侃，侃年少求学之苦，侃中年创业之艰；侃天下奇闻逸事，侃老伴子孙之乐；侃养生之道，侃生活习惯之优劣。

不同季节，不同时令，我去他家拿柿子，他来我家取花生，甚至连南瓜青菜都互通有无。今世能有这样一位挚友，真乃人生之乐、万年之福也！

史点学的一生颇具传奇色彩，颇为坎坷，颇为艰难。人世的风风雨雨成就了他人生的华丽篇章。

作为挚友，不溢美，不夸张，不渲染。读了他的回忆录就清楚他是一个什么品位的人了。

人生的价值和意义，不在于荣华富贵，而在于恬淡、真诚与平凡。

　　荣华富贵是命运所给，是过眼烟云；朴实真诚是父母所赐，至珍至贵。常言说，富贵无至交，贫贱有知己。红尘众生验证了这一真理。

　　他把自己一生的过往记录下来，让我做点文辞修正补充。我连读三遍后却无从下笔，无法润色。他朴实无华的语言，真情实感的自然流露和叙说，是原生态的人生，何需我舞文弄墨、画蛇添足！

　　以上这些话，权当我为他的自传所写的序言吧！

　　敬祝老友福如东海、寿比南山，笑口常开，快乐每一天。等到百岁寿辰日，咱俩把酒还笑谈。

　　点学的一生，平凡却不平淡。

李树云

2017年2月7日

目　　录

附录

⊛ 引子

年年岁岁花相似，岁岁年年人不同。几十年人生变化如同风云，曾经剧烈，最终平淡，却也留下了痕迹。

新的一年再次到来，2016年正月初九，我和小儿子史颜芳，一起来到了大儿子史来军的坟前为他祭奠。

作为白发人的我，几十年来每到他的坟前，都是一种痛苦的回忆，也是我终生的遗憾。

如果他现在依然健康地活着，今年已经近50岁了，他也会有自己的家庭和事业。我相信以他的性格和聪慧，定会是一个事业有成的成功男人。可是他……

今年再次来到他的坟前，我突然有种冲动，想把我们家的事情写下来。别人都劝我，你都七十多岁的人了，还写什么回忆录，费脑子，耗精力，更浪费时间。

"儿女们都安稳了，你有更多的时间，应该跑出去玩玩儿。"

"世界那么大，出去看看啊。"

但其实对我来说，哪儿都一样，我们同样地生活在这片土地上，地球上的风景又有何不同？最重要的是我们怎样过了这一生，怎样过得有意义，这其实才是人生最美丽的风景。

这也是我想写这本书的原因，把过往的经历，过去的记忆诉诸笔端，一起去追忆一个乡村少年成长过程中的贫穷、磨难、失败、成功、自立、自强、绚烂和平淡。

就像是一棵树的年轮，我画上了一圈圈值得纪念的印痕。也希望我的后辈能沿着这些轨迹继续画下去，让这棵树长得更加坚固，更能承受生命中的磨难，更有力量去迎接生命中的风雨，坚定从容地生长在人间。

回想起我这一生，工作中，我踏踏实实取得了优异的成绩，为什么总是被有些人找碴儿、诬告、陷害、排挤、打击呢?

人生命运波折,福祸相依,深不可测。回忆起来是积极与消极、成功与失败、公与私两种思想斗争的结果。虽然如此,我依然坚信此生我走的路是对的。

一、大家庭状况

➲ 家谱

我出生在一个大家庭。

我的爷爷兄弟两个,大爷史克选有五个儿子,爷爷史克礼有四个孩子。父亲是老三,按家族排行,我父亲是老八,名讳史明俊。

我姊妹八个(三姐少亡),两个哥,三个姐,两个弟弟,我排行老三。我一父二母,大哥、两个姐姐是一个母亲,二哥、三姐、两个弟弟和我是一个母亲。虽然是同父异母,但和一父一母一样,兄弟姊妹相处得很好,也算是父亲教育有方。他处事宽宏大量,重诚信、讲信誉,深得周边人士的赞誉。

大哥史全文,现年85岁。有一个儿子名叫史希军,在三门峡市保险公司工作,六个女儿务农。

二哥史全学,现年83岁。有四个儿子,分别在三门峡市渑池县公安局、司法局、铝矿工作;领养一个女孩,在渑池县环卫部门工作。

大姐是渑池县仰韶镇礼庄寨村人,大姐、姐夫已病故。有两个儿子,大儿子刘新方在渑池县邮政局工作;两个女儿,二女刘新娥在渑池县教育部门工作。

二姐名叫史点朵,现年88岁,家住渑池县坡头乡王家坑村。姐夫王

全家福

东周参加过抗美援朝，1995年病故。有三个儿子，大儿子王保刚是初中教师，其余务农；两个女儿务农。

两个兄弟史文学、史群学务农。四弟两个儿子（史涛涛、史勇勇）在新疆务工。五弟两个儿子（史波波、史超超）务农，一个女儿务农。

我有三个女儿一个儿子。

大女史艳丽，1970年农历八月十三生，中专文化程度，中国银行营业部会计。2003年5月买断工龄，到郑州博利达塑料包装有限公司打工。女婿许新红，电厂停工后在内蒙古打工。有一个男孩名许猛（独生子），20岁，大专毕业后，学校推荐到上海市就业。

二女史艳红，1973年农历二月二十一生。有一个男孩名薛一枫，学生，留给前夫。再婚女婿赵立伟在黄金矿建公司任副经理，2013年生一女孩，起名赵欣。

三女史颜平，1978年农历六月二十八生，是郑州博利达塑料包装有限公司的董事长。女婿王廷然，郑州市正岩建设集团有限公司项目经理，有一女孩史艺潼，2007年农历八月二十生，现上四年级。

儿子史颜芳，大专，1979年农历十一月二十六出生，在郑州博利达塑料包装有限公司任技术经理。媳妇尚金玲，生一个男孩，名史磊，13岁，郑州育才小学六年级读书；2016年农历十二月初六又生一女孩，名史梦瑄。

儿女们团结一致将企业搞好。三女是法人；大女是会计，现干网络营销；儿子是技术员，负责企业的技术革新。

除工作之外，他们的家庭生活调理得井井有条。各自学到了不少制作菜肴的方法，调制出对健康有利的菜肴，改善生活质量，并创造优雅的生活环境。

儿女们关系处理得很好，相互帮忙，相互支持，共同提高。

朋友赠送好东西、好食物，共同分享。逢年过节，亲朋好友欢聚，下馆子、喝点酒，拉家常、说长道短。若有困难，大家帮忙，朋友遍天下。

小寨沟村

我于1944年农历三月二十一，出生于河南省渑池县仰韶镇礼庄寨村小寨沟居民组。

小寨沟村的命名，顾名思义，有寨有沟，自然与其地理面貌相关，冯异城西有道沟，起名小寨沟。本村三边是沟，一边靠坡，两边沟里的河水混到一起，流水哗哗长年不断。沟深石头多，出门就得上下坡，对沟能喊话，走起来得一个多钟头。小寨沟村也由此得名。

村民靠天吃饭的念头浓厚。土地瘠薄，加上旧式的耕作方式，土地产量较低。好地风调雨顺时节，亩产二百斤封顶，孬地亩产也就五六十斤。这里的人们文化知识贫乏，读过几年私塾的不过三五人，文盲是多数。

这辈人靠背扛肩挑，往地里送点土肥。辛苦一年，除生活外，所剩无几，想住房屋，比登天还难。人们只有靠力气，在半坡修窑面，打窑洞居住。我父辈没有住过房子，几十年来住在土窑内，一住便是一生。直到现在，老辈们还有人步行十几里路，用家里的粮食去乡里换盐吃。

1942年，全国闹灾荒，偏远闭塞的小寨沟村更是颗粒无收。父亲、母亲、姐姐和哥哥一起逃到陕西省黄龙县境内，开荒度日近一年才返回老家。由于文化落后，缺医少药，老辈的寿限较短，最长的寿命不足70岁。

我在家里男孩中排行老三。父亲的第一任老婆因病去世，续弦找的我母亲。之前父亲已经有一男二女，母亲嫁过来又生了四男一女。虽然是这样的关系，但是大哥和两个姐姐对我如同亲兄弟一般照顾。

我父亲一生勤奋劳动，为人耿直。不占别人小便宜，讲信誉。与人共事一清二楚，能吃亏，是公认的大好人。我的母亲是个传统裹脚女人，思想封建，对待子女总是偏向自己亲生的。

对于小山村里最深刻的记忆，是至今还茂盛的几棵树，有柿子树、花椒树、皂角树和野枣树。我也不知道这些树的具体年龄，总之比我大吧。

村子里最多的就是柿子树和花椒树，基本上家家户户都有很多。在村子的范围内，无论多么偏僻，只要有这两种树，每棵树就一定有它的主人。因为村子里的人口本来也不多，只有三大姓——史、王、上官，所以哪棵树是谁家的大家都知道。除了一个姓的会摘点果实，不是一个姓的坚决不摘。就是这么个规矩，全村人执行了几辈子，绝不在这种小事上犯错，井水不犯河水。

除了这两种常见的树，还有一棵皂角树比较特别。这棵皂角树长在深沟边，孤零零的，浑身长满了刺，从侧边隐约能看到，树根都露到了沟边。大人们说这棵树长出的皂角可以用来洗衣服。

这棵树在秋天长出绿色皂角时，很是好看，但是没有一个人敢接近这棵树，因为它浑身的刺让人根本无从下手。想爬到树上基本上是不可能的事情，只好拿着钩子把皂角给钩下来用。这棵树到现在还是那个样子，我记忆中的刺一直还在。

还有一种树，是野枣树。因为小山村的地理特点，一到秋天，沟的边上全是野山枣。这些野枣树甚至称不上是树，一小棵一小棵的，上面全是野山枣，特别好吃。去山上打野枣，玩儿到昏天暗地，把打来的野枣放在一起，大家一起分享，这也是我们小时候在秋天最喜欢玩的游戏之一。

每当秋天来临，地里的柿子树和地边的花椒树把全村点缀得非常美。红红的柿子挂满枝头，红遍了整个村落，也让每一个秋天变成了一个丰收的季节，它们陪我和这里的人们走过很多年，也成为我内心深处忘不掉的风景。

花椒树清净自在，生长的地方一般都很洁净，这是它和其他树木的区别。四处飘满花椒香味的季节，才是真正的既收获又清闲的时候。

老一辈的人当然喜欢热情丰收的六月。虽然六月小麦收获时金灿灿的黄色也让人兴奋，但更多的是让人发愁——那时候没有收割机，收获只能依靠人工，占地的时候总嫌地少，"多分点田地，好打粮"。干活的时候才觉得地真是多呀，低头拿着镰刀，小麦一直割也割不完。到了饭点也不让停下来，更不让回家吃饭，只让家里人送饭过来，趁着"野餐"的时间休憩。

提前去地里干活时总要备上一锅绿豆汤或水，渴了就喝。那种燥热现在想来真是难受。不用想，皮肤自然是晒得黝黑黝黑的。大太阳下干一上午的活，脸上的灰和汗早就粘在一起，形成了一道一道小型的"泥路"。

收获时总是烈日当头，心里想着："赶紧下个雨吧。"这话一出，立刻遭到家人的斥责。他们最怕的就是这时候下雨。

最放松的时候，莫过于麦子收获后，垛到一片空地上，我们叫它"场子"。麦子垛得和小山一样高，这时候孩子们都高高兴兴地爬到麦垛上玩，又软又光，也不嫌它扎。

有时候玩累了就直接在垛上睡，反正家里大人们基本上要干一夜的活，他们要把割下来的麦子通过石碾反复碾轧把麦粒轧出来。这是技术活了，用不上小孩子，所以我们收割完麦子基本上就可以休息了。

二姐

我记得小时候，对我最亲的人是我同父异母的二姐。

听村里的老人说，在我未满月时，日本人到我村扫荡，烧杀抢掠，特别是对小孩，他们看到小孩就会直接拿刀捅死，非常残忍。

我二姐史点朵听到这个消息后，什么都不管了，跑到里屋把我抱起就跑。她穿过羊肠小道，爬上山坡，闯出灌木丛，越过水沟，最终隐蔽在村边难以行走到的水洞内。在那个水洞内，二姐抱着我待了很久。

听说日本人走了，她才把我抱回来。然后又不放心，又跑回去躲起来，这样连续两三次。

如果没有二姐救命，我活不到现在，早被日本的"三光"（抢光、杀光、烧光）所消灭，世间也就再没有我的故事。当我懂事后，一直把二姐当恩人，天天离不开她。

1948年，二姐结婚了。可当时的我并不知道结婚意味着分离。那也是我人生中第一次体会到了跟亲人离别。

家里要操办二姐的婚事，他们都知道我对二姐的感情，怕我当时闹，就把我领到别的地方暂住几天。过了几天，我回来看不见二姐，大哭起来："我要姐姐。"在母亲面前，我开始声嘶力竭。

二姐史点朵

母亲哄我说："你姐姐出门有事，过几天就回来了。"我这才停止了哭啼。

几天后，母亲说："按照风俗，作为娘家人，要去姐姐婆家叫她回娘家认亲。"一听说能见到姐姐，我急急忙忙地就跟着去了。到了她的婆家，我就生气地问她："你咋到这儿了？我找不到你，也见不到你，赶快跟我回家吧！"姐姐抱着我，既开心又伤心地说："好，今天咱们一起回去！"

我们一起回家，她还是那个拿命救我的姐姐。只是，她不会一直待在这个家里了。

岁月流逝，经过父母的不断解释，我才明白：姐姐结婚了，已经成人家的人了。虽然感情上我不能接受，但是看到姐姐幸福的样子，我慢慢还是默默地接受了。

后来，我经常跑到二姐家里玩。二姐嫁到了一个离我们村子有十里路的一个村，往她家去要经过三个村，其中一个村只有两三户人家。

时间长了，我习惯了二姐嫁人的事实了，也明白了，距离并不会淡化我们之间的情感，分离只会让我更加想念她。

→ 小时候

又过了几年，大哥结婚了。大嫂当时是妇女中的积极分子，经常去周边几个村子里开会，她就把我带上。我跟着她一起去参加会议，觉得很是新鲜，开始的时候，看着台上发言讲话的人，我紧张得都不敢往台上看。

台上的人讲到激动处时，台下的人都会为他鼓掌。起初我紧张得根本听不懂台上的领导讲的什么内容，之后慢慢地也能听懂一部分，敢看台上的领导了，有时跟着大嫂一起鼓掌。

有次，我充满羡慕地问大嫂："为什么这么多人只听台上的一个人讲话？还要为他鼓掌？为什么不让大家都上台讲一会儿话呢？那样多光荣呀。"

大嫂说:"人家是干部,我们听干部讲话作报告。有些东西我们都不懂怎么给别人讲?等你以后学习了知识当上了干部,你也可以上台发言,嫂子也来给你鼓掌。"

这时,我才慢慢懂了,知识的力量是无限的,有了知识才能当干部。我作为一个新时代的小孩,没有文化知识怎么参加社会活动呢?这是我初次知道有文化和没文化的差别。

我小时候,除了家人关爱,村里人也很喜欢我。因为村里小孩很少,加上我个子高,长得也可以,人见人爱。小时候就有人给我说娃娃亲,我回绝那些大人:"我自己还管不了自己,还能管得了别人?不要!"

实际上,小小年纪根本不知道说媳妇是咋回事,就拒绝了别人的好意。

村里的老年人最喜欢我,都想抱我玩。

我大伯家有个长工,每天晚上吃完饭,就让我跟他玩。他坐在大石头上歇息,我经常躺在他的腿上,陪他聊天,跟他玩儿,一起看夜晚的风景,玩到瞌睡时,他把我抱回我家,放在床上才走。

我平时称呼他舅爷。他最终老死在我大伯家,是我童年回忆里一个温暖的人。

⇒ 少年噩梦

有趣的童年也有噩梦般的回忆。

我二伯家的孩子叫史来有。因为之前二人关系就不太好,他妒忌我的人缘好,总想在大人面前陷害我,我一直不想理他。

我还记得那一年是1952年,我6岁,他8岁。有一次,正巧我们俩一块儿走到一个四米深的红薯窖(当时红薯的储藏办法就是放入井下窖中过冬)边,他趁我不备,一下把我推到红薯窖内。

我没想到他会这么干,直接掉了下去。

但是，噩梦还没有结束。紧接着，一个石头落了下来。石头从我脑袋边上快速滚了下去，险些砸到了我，幸好只是头皮被擦流血了。

我想哭，但是如果我哭的话，肯定会面对一个更大的石头，恐惧和理性让我保持了片刻的沉默。

他当时以为肯定砸到我了，往井下看看没有动静，就直接回家了。

过了一会儿，在四米深的红薯窖里，那种孤独的窒息感让我开始哭泣。这时候，我二哥正好路过，听到了我的哭声，就跑过来对着井下叫了几声。我一听是二哥的声音赶紧回答，二哥一听是我，立刻跳到红薯窖内把我往上拖。

就在我们距离井口一米多深的时候，又一个石头扔了下来，还是他！这时候，二哥抱着我，不顾一切地奋力往上爬。

将我抱上来之后，二哥用布把我的伤口包住。止血后，就拉着我去找他，他看见我们就跑。

二哥一直追他，直追到我二伯跟前，当着二伯的面狠狠打了他两耳光。

他抱着我二伯的大腿，默不作声。

二伯吃惊地看着我二哥，不解地问："为啥？"

二哥恨恨地说："你叫他自己说！"

史来有这才怯怯地回道："我把点学推到了红薯窖里，用石头砸下去了。"二伯听后，啥话也不说。这么严重的故意杀人未遂就这样简单地过去了。

二伯的"大婆"只生了一个女儿，他又娶了一个"小婆"，有两个老婆。按婚姻法规定一夫一妻制，不允许有两个老婆存在，所以二伯跟大老婆离婚，留下了小老婆。史来有不是二伯亲生，是"小婆"嫁入史家时带来的。但因为二伯家里没有男孩，所以二伯对他视同亲生，甚至更加娇惯，以致养成了他相对自私、善妒、狂妄的性格。

到现在，我的头顶右边还有个疤痕。我一直对这件事耿耿于怀，毕竟他当时对我起的是杀心呀！一个几岁的孩子能做出这样令人绝望的事情，直到现在想起来都让人觉得心颤，就像是寒夜里的一把刀，在幽暗里发出凛冽寒冷的白光。

后来大家都长大了，按说都可以握手言和了。但是他依旧憎恨我，不跟我们一家人往来，还做过很多伤害我们的事情。

从命运的长度和宽度来看，上苍其实给每个人的命运还是公平的。就像古人说的那样，恶人自有恶报，他44岁竟然消失于人间。听到这件事，我虽然没有幸灾乐祸，但想来，像他这种心胸狭窄的人，害人终究会害己呀！

再思量，自难忘

小孩子顽劣，受伤磕碰是难免的。我也曾经"伤害"到自己的兄弟，但从未像史来有那样刻意谋害他人。

1955年秋，我们村子北场边封沟修路，在沟底挖水洞。我和四弟去玩，发现洞内有一个洋镐，我拿起洋镐就凿土。四弟不吭声走到我后边，我举起洋镐挖土，正好碰到了四弟的头顶，他当场流血不止，哭声不止。

他哭着跑到父亲的身边，父亲用旱烟丝将伤口捂住，止住了血。我想这一顿打跑不了。

想办法，如何能逃掉这一顿打？

后来想，得有个思想准备吧，坏事办了，不可能挽回了。回到家，看到家里水缸里的水不多了，我决定将水缸里的水担满。估计着父亲下工回来的时间，我担上水桶去井边绞水，一连绞了三担水，把水缸倒得满满的。

父亲下工回来发现我在担最后一担水。我把水桶放下，先给父亲端上洗脸水，后将早饭端到饭桌上，恭恭敬敬地说："爸，吃饭。"

我也和父亲坐到一块吃饭，心想，吃饭的时候，不可能挨打。吃饭时，父亲非常郑重地批评了我，他说："谁叫你带他挖洞哩？把你弟文学头上碰个窟窿，还是我用烟丝给他止住了血，止不住咋办呢……"我也不敢吭声。吃完一碗，我又给父亲盛了一碗。饭后，我将碗收拾好送到厨房，将桌上擦得干干净净，这是我一生最勤快的一次。

通过恭恭敬敬、勤勤快快的方式算是逃脱了这一顿打。我也累得满头是汗，吓得浑身是汗。但振作精神，精心思考，勤奋恭敬，勇敢应对，躲过了这一顿打。这件事也是终生难忘的。

父母很疼爱我，对我要求较严，怕出意外，不让跟孬孩子史来有在一块儿玩，上次他差点夺走了我的生命，跟他玩危险。父亲一生勤奋劳动，为人耿直，不占别人便宜，讲究信誉，与人交往一清二楚，能吃亏。外界评论此人是好人。

印象最深的是他与私塾先生茹怀义的交往。私塾先生在我村教书，因为学生家长拿不出钱，所以都给他粮食当作学费。茹怀义是挣粮食的，他的粮食没地方放，就把所挣的粮食先寄放在我家。

我家人口大，口粮不足，补给不上的时候，就把他的粮食给吃了一些。私塾先生也不记账，但是我父亲记有账。每次用了他多少，他都要一笔笔记下来，几年累计了几千斤粮食，等到收获了，我父亲说要归还，他不要。

有次把私塾先生逼急了，他说："你要再提这事，我就生气了。"

无奈，我父亲把自己在村里南堡头的三亩地给了私塾先生。他还是不要，但是父亲依旧很固执："你不要，我还给你种着，收的粮食给你送去。"

时间长了，私塾先生拗不过父亲，最终才接受。也正是因为这份"执拗"，私塾先生看我父亲忠实厚道，把亲生儿子茹炳坤带到我父亲跟前，认作干亲戚。至今茹炳坤跟我们仍是弟兄相称。

土改前，大伯、二伯家土地较多，雇人耕种，我家土地少，子女多。

为降低两个伯家的成分，我父亲把他两家的部分土地划拨到我家名下。划定成分时，他们两家划为上中农成分，我们家是下中农。由于父母为人处世大气，得到了大家的认可。

对于小时候在村里留下的印象大概只有这么多。现在想来，那时候虽穷，但是人是快乐的。有一个大的家族，大家思想简单。也许是穷人的孩子早当家，我也总是能理解大人的苦衷，不给大人找麻烦。

二、由顽童到得意门生

➤ 顽童

农村生活本就艰苦。在1953年前，由于母亲身体不好，长年有病，家庭条件就更加地差。

我弟兄五个。大哥读过几年私塾；二哥在县城上过初中，但没毕业；我10岁尚未入学，在家帮母亲带四弟。

这年春节过后，村里的老师就到我家动员我去上学。

当时我看到老师来到我家，非常抵触，更不愿意上学。

"自由多好呀，上学有什么用呢？虽然看到别人上台发言时也曾经羡慕，但那毕竟是短暂的想法。"年少的我，依然觉得每天自由玩耍比什么都好。

而且，那时候我基本上没去过县城，去得最远的地方就是跟着大嫂去过的附近的几个村。外面的世界我根本没有感觉，我心中的世界就是这个小山村一样的世界。老师对我父母说："孩子这么大了，还不让上学，没文化将来有啥前途？"（当时评价没文化的人就说是"睁眼瞎"。）

他滔滔不绝地讲述着。讲了古代的人是怎样在当时的环境下刻苦学习的, 讲文学家如何创造出作品, 讲科学家如何制造轮船飞机——这些都是知识的力量。

见我有点动心, 他紧接着又举例说了县里几个有知识的人的成功例子。我当时听完内心开始有了想法, 暗下决心要学习知识, 成为有知识的人, 让别人刮目相看。

老师走后, 父母经过商量, 决定让我上学。

这个决定在我心里埋下了种子, 不断地生长发芽。我开始幻想, 学校里是什么样子的, 老师每天会教什么内容, 同学们都是什么样的, 我学习了知识一定能自己造出一架飞机吗?

时至今日, 我最应该感谢的是父母当时的决定。毕竟对于家庭条件那么差, 兄弟姐妹又多的家庭, 上学是一件奢望的事。

虽然, 最终我见到的学校并不尽如想象。

秋季, 开学季。满怀憧憬的我进入学校才发现, 学校的生活就是学习, 而学习是枯燥无味的, 学习的内容与制造飞机根本没有关系。

刚到学校, 顽童野气未改, 不知纪律是什么东西, 上课时, 想去厕所拔腿就走, 来去如风。老师上课半天扭头发现我不见了, 这样的事情再自然不过了。

为此, 老师把我叫到他办公室进行了严厉的批评:"既然来上学了, 就要懂规矩, 不能随便离开教室。要按时上课, 上课要认真听讲, 不懂就问。当天老师教的都得记住, 不能忘, 要做个好学生, 给其他同学做个好榜样。"

事实上,"野孩子"一时半刻怎么能待得住呢? 当时去上学的学生, 都是老师去村子里动员着去的, 每个人都是在村子里跑惯的。可即使这样, 老师依然按照正规的要求来教育我们。

然而, 我们不理解老师那种一板一眼的样子, 会在背后学着老师的口气和模样, 觉得那是一件很好玩的事。

慢慢地, 大家从刚开始的不习惯到接受, 上课会起立叫老师好, 发言会举手，答对了受到老师表扬也会自豪。一切进入了正常的上学轨道。

到了十一月份，母亲得了重病，生活不能自理，不能再做鞋了。冬天下着大雪，我上学没鞋穿，脚冻得红肿，无奈间用破布将脚包住，趁早上地面结冰时去一会儿学堂。

中午、下午地面的冰融化了一部分，满是泥泞。没有鞋子实在无法走路，就在家自学。因为老师经常的表扬，激发了我的学习动力，所以我在家自学时也很自觉，不想让自己落后于别人。

我虽顽皮，却愿意学习，能领会老师的意思，以后没违反过一次纪律，学习成绩总是名列前茅。老师表扬，同学们羡慕，我逐渐成了老师心中的好学生。

后来，老师看我学习这么努力，没因为家庭把我的学习给耽误了，就想着多辅导我。他想了一个办法：让我晚上到学校跟他做伴。

每当夜晚来临，老师备课批改作业，我就看书。老师忙完后就给我辅导功课，有时候他会给我讲外面的世界，讲如何通过知识去改变命运，好好学习走出小寨沟，有个好工作，将来娶个漂亮媳妇，让其他人都羡慕。

梦中的算盘珠子

算盘，是我求学路上一个特别的存在。因为它，改变了我人生的命运，改变了我的思维方式，更成为我生命中别人无法取代的技能。

它一直飞驰在我的梦里，穿梭了几十个春秋，陪伴一个少年成长，让他骄傲、坚强。

在"晚读"的日子里，老师的开导、启蒙、教育，使我开了窍，一下懂得了知识的重要性。

老师看到我这么努力想学习更多的知识，就在课余时间教我打算盘。在老师的指导下我学会了算盘的一些重要的口诀：规法1—9遍，三变九、九变九、金香楼555555×957；狮子滚绣球1—9遍1953125×512，都是一乘一除。掌握口诀，记清位数。

从看不懂，到慢慢了解，再到熟练，直至三年级开始上珠算课，我的珠算成就独一无二。后来走上工作岗位，算盘也打得较好。

后来在工作中更派上了用场。搞社教时，算账都用上了。当时我们队的账已算好，别的队邀我去给他们算账，并给他们搞当年的决算。会计见我算盘打得那样流畅，心惊了，害怕了，就去跳崖，幸亏没有摔死。

因为算账有经验，效率又高，后来几期的社教大队会计账都是我算的。调到检察院系统经检科工作，异难账都由我算。我的朋友——渑池县陈村矿财务科科长牛明光说："老史账真通。"社会上称我是"老干探"，这都是后话了。

刚开始学习打算盘，看到老师打算盘时灵活的手指，我瞬间迷上了它。从刚开始的一个一个拨珠子，到一年后的盲打，最后我也能手指灵活地拨算盘珠子了，这是让我非常自豪和值得炫耀的事情。

越是看到别人羡慕的眼光，我越是打得起劲。打得最上瘾的时候，晚上做梦时手指头都在动。算盘珠子在我的手里上下拨动，那种清脆的声音让我内心充满着激情。

从此我的学习成绩更加优秀了，纪律遵守得更加好了，我成了老师的得意门生。

❧ "摆渡人"张老师

每个人的人生路上都会有那么一个摆渡人，让你找到适合自己的道路，让你不再迷茫。

从顽童到老师的得意门生，我人生中最重要的"摆渡人"就是我的老师张炳儒。

桃李不言，他用自己的方式，告诉了我很多人生的道理。时至今日，我都受益匪浅。

张老师的家在义马市千秋乡张马岭村中组。他有一个儿子叫张宗勤，现年58岁，因患脑梗，准备提前退休。

他大女张秀芹61岁，务农；二女张玉芹55岁，务农；三女张惠芹51岁，务农；四女张云芹务农，五女张荣芹45岁，务农。

张炳儒老师家庭虽然普通，却是和谐家庭，曾被义马市委、市政府授牌颁奖。他多年来曾在裴窑小学、礼庄寨小学、仁村小学、坻坞小学、裴村小学任教，每到一处都忠诚踏实，忠实于教育事业，把教育工作当作自己的神圣使命。

他的教育质量很高，学生成绩名列前茅，深得学生和家长的赞誉。"张老师是好人"，这是所有家长的评价。

张老师不但课教得好，他更是"知识改变命运"的推广者和实践者。在当时的农村，不少家长是没有让孩子上学的理念的。他充分掌握了这些家长的心理，一户一户去做工作说服家长。

在他的动员说服下，周边村里的小孩大都来学校学习了。虽然很多没有坚持下来，但再"微薄"的教育，也会对孩子的心灵有一定的影响。

张老师21岁时在裴窑分校教书，学校在距我们村庄一里外的偏僻半沟处。村里人打了三孔大窑做教室，另打一孔小窑是老师的办公室以及宿舍。

这样恐怖的环境，张老师也不说啥。吃饭是跑着到裴窑、石浪、寨沟三个村庄轮流排饭，饭后自己走回去。如果是现在二十岁的青年，岂敢独自在那儿居住，可张老师不害怕，也不在乎。

有一天晚上后半夜，不知是什么野兽去挖他宿舍的门。他心里虽然不怕，但也不敢出门，出门就更加危险。

等到天亮后，他壮了壮胆，拿了一根木棍走出门外，准备和野兽斗争一下。结果出门发现野兽已经不见了，门前的泥土地和窑洞的墙上，都留下了野兽的爪印。

第二天我听说这件事后，就做了一个决定：以后只要轮到我们村管老师饭时,我就陪张老师回学校住宿。"这样可以跟张老师做个伴,万一有野兽来了,两个人一起抵抗它,总比一个人更有战斗力吧。"我心想。张老师晚上备完课,批改完作业,就给我讲上学的前途,讲社会发展进步,全靠有学问的人来支撑,没有文化知识,怎能挑起重担。他还讲了做人的标准:人不能光为自己着想,大公无私,为劳动大众着想,路才能越走越远,群众才会拥护你,人民才会感谢你;要尊重别人,你尊重别人,别人才会尊重你;现在上学要有最高理想,有了理想才会有学习的动力。

听了张老师的讲解,我心里反复思考,树立了自己的奋斗目标:我要努力学习,成为有文化知识的人,将来当个好干部,为人民服务,成为国家的栋梁之材。

张老师的特点是无私奉献,平易近人,没有架子,把自己所有的智慧都教给学生,比如说教我打算盘。当发现学生学习精神不集中时,他耐心批评教育,以有效的方式,调动学生的学习自觉性。教育质量提高了,老师威望提升了,学生满意,家长赞赏。期中、期末考试,裴窑学校考试成绩名列前茅。升五年级时,录取率最高。我跟着张老师学了不少东西,走上社会全用上了。

我一直觉得自己很幸运,遇到张老师这么无私正直的人。在我人生刚接触到知识的时候,有这么一个引路人。在张老师的教育下,我小升初时,以优异的成绩被渑池县第三中学顺利录取。

三、人生路上的第一场灾难

→ 辍学少年

1959年9月,我到渑池县第三中学上学。因个子太高,排座位的时候坐到了教室的最后一排。

初中课程难度大，很多同学猛一到中学不适应，我也面临这一难题。但由于小学基础好，通过适应和努力成绩仍然不错。

新的环境、新的学科也激发了我新的进取心。美好的理想和前途不断激励着我，在年幼的心灵里描绘了一幅美丽动人的宏伟蓝图：我要上高中，上大学，我要展开有力的双翼翱翔于祖国的蓝天白云，向人生最美的高峰攀登！

可能是受到张老师的影响，也是我的性格使然，我一直是一个充满正能量的人，一个积极上进的青年人。在这里，我也学会了跟同学一起打篮球，一起玩耍，一起开展户外活动，度过了一段充实而快乐的时光。

当时学校条件差，同班的男同学都住同一间宿舍，都是地铺。所谓地铺，就是在地面上铺上草，就成了我们睡的"大床"。大家并排而睡，人挨人，一人翻身，两边的人都知道。虽然空间很挤，但大家都觉得温馨快乐。

我睡觉很踏实，只要一睡着，整夜一动不动。这个睡觉习惯是我这一辈子最好的一个习惯。

这样的好日子没过多久，一天早上醒来，祸从天降。

事件由和我一块考入三中的老同学王某某丢饭票开始的。经过一番寻找，王某某告诉班主任，说他在我脚头的床单下发现了他装饭票的纸包，认定是我偷了他的饭票。

我先是吃惊，而后非常伤心和恼火："我们是一个学校考来的，关系又不错，为啥要陷害我？为人不做亏心事，不怕半夜鬼敲门，我没偷，就是没偷，这就是事实。"我坚信老师会把事情弄清楚的。

谁料想班主任李老师不问青红皂白，在没做任何调查研究的情况下，就认定饭票是我偷的。数十次晚自习后，他在班里组织批斗会呵斥、讥讽、侮辱我。全班大多数的学生在他的领导下，都用一种讨论和指责的眼光看着我，给我的人格和自尊心造成了极大的伤害，更是给我的学习造成了极大的影响!

一个十几岁的孩子,无缘无故被当众当作小偷进行批斗、辱骂,他的心灵会受到多大的打击!同学的嘲笑、老师的讥讽,使我的心整天灰暗着,哪还有心情去学习?对于长久以来以正直的面目示人的我来说,这种侮辱对我的打击是致命的。我迷茫了,绝望了,我在痛苦与无奈中坚持到放寒假。

寒假后开学,我辍学在家,死也不愿去上学。我的学历也就是从这时候终结的。以后我经常告诉别人我是初中毕业,事实上我没有毕业,只是上了一学期初中。这件事情,虽然遗憾但我也不后悔。

开学一段时间后,老师把这件事情查清楚了,最终认定不是我偷的饭票。老师和同学多次到我家找我,我都避而不见。

最后,老师找到了我的父母,开始对他们开展思想工作,想通过这种方式劝说我。

老师对我爸妈说:"年前我们误会了孩子,王某某饭票被偷一事已经查清楚,与点学无关。叫点学抓紧到学校上课,时间长了会影响学习。"

但是任凭父母怎么劝,我也不听,我伤透了心。我恨陷害我的人,我恨老师不问青红皂白、不调查清楚就对我进行公开批斗!我是人,我有人格和尊严!人生的路不止一条,我要另谋出路,我深信天无绝人之路!好马绝不吃回头草。

四、另谋出路

🧧 **转折**

三百六十行,行行出状元。我相信,凭借自己的努力和坚持,一定能找到一条属于自己的路。

决定另谋出路后，我就去渑池县县城找我二哥，说了我辍学的原因和想要找工作。二哥听了情况后，很干脆地答应了我的要求。

二哥说："提前进入社会也行，听说渑池县土产经理部要找一个通信员，咱去看看。"二哥领着我到县土产经理部找到了李忠义经理。李经理看我身材高大魁梧，忠厚踏实，很有礼貌，就欣然答应让我先干几天看看表现，随即叫秘书张玉瑞领我去办理手续，并于当天安排了宿舍。第二天中午上班。这一天我记得很清楚，是1960年3月10日。这是我踏入工作岗位的第一天，也是我初入社会的第一天。

上班后，工作职位是渑池县刑下么（地名）土产仓库保管员。因为我有打算盘的基础，记账、算账都难不倒我。经过几天观察考验，经理部通知我正式走上了工作岗位。

当时我非常激动，暗下决心，非把工作干好不行。

于是，我早上班，晚下班，对工作一丝不苟、极度认真负责。仓库门前杂草丛生，二尺多高，向来没人清除。工作之余我把库内库外的卫生打扫得干干净净，把库院的杂草全部清理掉，整个库区面貌焕然一新，单位领导和同志都十分满意。

有一天晚上八点钟，渑池县商业局书记井传友（现年97岁，县级干部，离休，参加过抗美援朝，现住渑池县老干部家属院）到仓库散步，见我还没下班，就惊奇地问："小鬼叫啥？多大了？啥时候到这儿当保管？为啥这么晚还没下班？"我说："我叫史点学，今年16岁，这个月11号才来这儿上班。今天有几个地方来拉棉籽，刚发完货，我把仓库内外卫生打扫好就下班。"

书记听后一直点头并鼓励我好好干。在渑池县商业局一次党委会上，书记说："刑下么有个小保管叫史点学，工作认真负责，好得很，应该好好表扬表扬。我们的同志们也要向这位小同志多学习。"

我也没有想到这个小小的行为会对我以后的工作前途起到了这么

重要的作用。书记成了我的伯乐，我也成了商业局的一个小名人。

五、调动工作

同年6月，渑池县商业局组织一个学习班，书记又提到了我，单位安排我参加学习。学习班一个月期满后，我以优异的成绩被分配到渑池县商业局城关综合商店保管室工作。部门主任王俊彩安排我当保管室实物负责人，工作职责是：县城及农村各商店商品调拨，每五日向单位财务报送一次。

这听起来很简单，实际上工作量很大。县城及农村网点三十多个，资源都从保管室调拨，所开发票一个户头近百张，五日内发票要全部开好，还要全部累计复核，并与各户头核对，准确无误后，才能报送到财务部核算企业经营结果。工作上虽然累，但心情挺愉快，我深知这么重要的担子由我担着，是领导的信任，信任比什么都重要。

1962年，国营商业和供销合作社分家，我留在了供销社。

我在渑池县城关供销社保管室工作期间，曾有两个人给我介绍对象。我刚开始听到这个事后，内心是很激动的，但是听说对方的家人曾经给她定过娃娃亲后，我放弃了。

去见另外一个相亲对象时，她的家里人只看我，不让我见女方的面。我内心很生气，觉得她家人瞧不起我，所以决定放弃。最终，苏门门市茹俊哲给我介绍的李秀云成了我的终身伴侣。

有一天，老茹让我和他一块去苏门门市，说是给我介绍个对象叫李秀云，让我和他一起去，先让李秀云及她的父母见一下，见了之后再说。我同意了，为慎重起见，我把脸上的青春美丽痘清除掉，借了主任王俊彩的小大衣穿上，下午和老茹一块步行五公里到苏门村。

晚上没有回县城，住在苏门的门市部，和李秀云及她的家人见了面，当时两个人都没有说话，只是相互看了对方。

李秀云的父母当面问了我的基本情况，我一一对答，他们对我的外表及工作情况较为满意。时隔两天，她的家人亲自去礼庄寨村刘古乱家（老亲戚）了解我的家庭情况。

刘古乱得知他的来意后说："你啥都别说了，闭上眼把闺女给人家，一点问题没有。"她的家人听到这种评价后满意地回去了。回去后又过了十多天，他们全家决定让秀云跟我见面订婚。

自从苏门与秀云见一面后，我这个不会做梦的人，也天天做起梦来。梦见她来县城与我约会，面谈，我非常激动，只见她水灵灵的双眼深情地注视着我，一双巧手令人心动，二尺长的辫子到腰间，身材苗条，不高不低，秀美无比，令人陶醉……当梦越做越美时，醒了。那几天走路、吃饭，我都在想我心中的漂亮女人——李秀云。

我想：我一定要尽快把这门好事给说定，要不然我的心天天悬着，再这么下去，我要得相思病了。

半个月后，单位左风翔同志跟我说："老茹给你说的媳妇叫你去东关李莲鹏家见面。"我一听，心里乐开了花，立即去东关与秀云见面。

没见面想见面，见了面光看不说话。静了一阵子，我说："咱俩这事，你愿意不愿意？"秀云说："愿意。"很简单的一句对白，就这样扎下了婚姻的根苗。我们俩都不会谈恋爱，但心里边深深地爱着对方，也不懂怎么算订婚，更不懂需要举行什么仪式。

有一次，仓库购了一批花围巾，我想给秀云买一条，但是心里又没有主意。正巧，苏门门市的营业员皮秀珍来到保管室。我就拿了围巾问她："这种花围巾，你看好看吗？如果好看，我给秀云买一条，也给你买一条。"秀珍说："中。好看。"

秀珍把围巾拿回去后说："秀云，我今天去县里买了两条围巾，你看好看不好看？"秀云一看说："怪好看哩。"秀珍说："给你一条。"秀云要掏钱，秀珍说："你要掏钱，我就不给你了。"

时隔几天，秀珍才说："这是点学给你买的，我也跟上沾光了。点学说光给你买一条怕你不要，所以也给我买一条。"又说，"点学人不错，你看多有心。"

这样来来往往多日后，秀珍的婆婆说："你光给人家迎来送往算啥哩，你把他俩叫到咱家，双方只要同意，把婚订了就对了。"

在秀珍婆婆的催促下，秀珍把我俩叫到她家，秀珍的婆婆对我说："你今天把婚订了算了。"

我说："怎么订我也不懂。"她说："我给你拿30元，用小手帕包着给秀云。你嫌30元多了，少给她点儿。她如果接住，就算同意了，就算订婚了。"

我把30元钱用小手帕包住给了她，秀云也给了我一个小手绢，就此算订婚。

但是我心里还是不踏实：一直不结婚，就不算自己的媳妇。当然这以后来往较之前频繁。街上一见面，让她跟我去单位食堂吃饭，她不去，怕见到单位同志没啥说，我只好去营业食堂买点简单的饭我们一起吃。她回家时，我把她送到乔岭南凹，我站着看她上去乔岭坡，直至看不见才回到县城。

在我送走她的时候，秀云每走二三十米就扭回头望一次。每望一次，就给我的心里增加一层爱意，使我久久不能忘怀。

后半年，我下决心要结婚，尽管经济不足，也要想方设法结婚。我通知秀云来买衣物，她和同村的女友李三玲到刘胡兰门市买布料。因花色品种很少，仅花一百元钱就结束了。前后从见面到结婚共花了近三百元。1962年腊月十九，我安排了三匹红色高头大马，将秀云迎到寨沟村，我们正式结婚了，我也完成了我的人生大事。

结婚后，我才了解到秀云也是个有文化的人。她在民办中学上过一年学，也会打算盘，性格温和善良，生活中很会体贴人。有时候我心情不好想发火时，她总能以温柔的方法劝解我，使我瞬间就没有苦恼和压力了。

她就像我的解语花，怪不得有句俗话说，英雄难过美人关，我一见到她就不生气了。之后和我一起到工作单位，看到我的工作那么忙，她也能帮着我做一些力所能及的工作。有时候我有工作情绪，她也能及时地劝解我，最终帮助我顺利圆满地完成各项工作。

生活不是一帆风顺的。结婚后，我们因为工作所限，不能在一块生活，经常分居两处。

后来，生活中又是不断地有事发生。

半年后，我二哥的大孩因无人看护，就让我媳妇去县城给他看孩子三个月余。

我弟兄两家都生活在一块，有谁知亲兄弟不在一锅搅稀稠是好兄弟，在一锅搅稀稠便成了外人。他们不相信我媳妇，来客人不让做饭，孩子梦中抽泣，说是没带好孩子，让孩子在梦中有了惊恐。二嫂李冬英是邮电局一个普通话务员，说话不讲方式，无中生有，看不起农村人，对人生疑。

人心都是肉长的。小孩梦中生气、惊恐，甚至哭闹都是正常现象，我们又都是亲人，岂能说不用心带好呢？伤心之余，我媳妇离开了二哥家，回老家寨沟生活。因结婚时间短，我又不在家，加之家里没有房产，只有三孔土窑洞，也无法分家，媳妇和两个弟弟及母亲都在一块生活。

时间一长，二嫂又给母亲添枝加叶，说我媳妇怎么不好，让家里闹别扭。母亲也想把媳妇管住，达到"叫你往东你不敢往西"的目的，就百般刁难，寻衅挑事，组织家庭会数落我媳妇，如敢反驳，让两个兄弟捺住就打。

我媳妇经常被锁在家里。母亲他们不让她出门，怕她出去说闲话。我媳妇知道母亲的说法、做法是错误的，耐着性子不吭气、不反驳，他们也没法动手。大哥当时在场看不惯母亲的做法，但也没说什么。

有一次又因为一些小别扭，他们准备对我媳妇动手，但是我媳妇她自己还不知道。这时大嫂王玉亭将家里紧锁的大门打开，进去拉着我媳妇就走出家门。我媳妇问咋回事，大嫂说："你不出门，晚上他们就把你打死，谁去管你。"

第二天，大哥对我媳妇说："你去娘家吧，不要在家住了。"

从此，我媳妇离家出走，四处流浪。因我工作在外，怕影响我的工作，她始终没有给我说此情况。她自己生闷气，长年累月成疾。

家里的事情我并不知道，我依然全身心投入工作中。一年多踏踏实实的工作，以毫无差错的优异成绩获得了单位领导和同志们的共同认可。再加上人缘好，所以1963年9月经渑池县供销社干部科考核，报县人事局批准，正式由职工转为国家干部。我也因此得出一个结论：一个人的命运掌握在自己的手里。

六、被委以重任

1964年6月，全国"四清"运动（1963年初进行的"四清"运动，是指清账目、清仓库、清财物、清工分，1964年底中央政治局召开中央工作会议制定《二十三条》将"四清"的内容规定为清政治、清经济、清组织、清思想）如火如荼地进行。渑池县委打算从各单位各部门抽调政治可靠、能力拔尖的干部参加"四清"工作队。渑池县商业局抽我参加。

我们先后在渑池县、洛阳市参加几个月的培训学习和整顿，其中有200多人正式组成了"四清"队伍。

当年10月，我正式进入洛阳市偃师县寇店公社搞社教。我被分在封沟大队第四生产队。入队后和群众同吃同住同劳动，访贫问苦，扎根串联，大会动员，小会座谈，发动群众成立贫协，检举揭发现任、原任干部的"四不清"问题。

由于思想工作做得好，工作方法对头，政策执行妥当，干部群众之间没有出现相互攻击、借机报复等不应有的问题。所以，在最后组建阶段，干部轻装上阵，群众拍手满意，整个工作圆满结束。离队时，群众夹道欢送。

第二期"四清"运动地点是在三门峡市陕县观音堂公社刘庄洼大队马庄村。在原有经验的基础上，我们再次广泛发动群众小会座谈、上户座谈、个别座谈，群众的热情和责任心都被充分地调动起来了。

群众揭发原任队长梁长河有"四不清"问题。经过仔细查账，发现有1300余元去向不明。当时梁长河脸色苍白，情绪异常。我怕出现意外，便随他一块到他家住宿谈心，讲政策，消除他思想上的顾虑和负担。

几天后，梁主动交代说："我心里算着，先后花队里有800余元钱，没有1300元。"我告诉他，只要实事求是说，工作队绝不会冤枉他的。后来我被抽到大队部去算大队会计的账时，发现大队账上收马庄村交来公积金500元，梁长河的账上未做支出。发现这一情况后，我立即告知了梁长河，他哈哈大笑说："我觉着就没那么多嘛。"

第三期"四清"工作在韩洼大队梁庄村。梁庄村和马庄村一沟之隔，我还没进驻梁庄村，梁长河已给梁庄干部说："工作队来了后有啥问题就说，工作队可实事求是了，一点也不会冤枉人。"

因此，入队后不用讲政策，开会动员，干部就主动交代问题，取得了群众的谅解。我也因此总结出了宝贵的经验：做人的工作，必须把握好政策，吃透政策导向，团结好95%以上的干部、群众，什么事都好办。否则，将一事无成，陷入被动局面。

七、人生的暴风骤雨

1966年暴风骤雨般的"文革"爆发了，这给"四清"运动画上了句号。

社教工作队各回原单位参加运动。按照中央《二十三条》的规定搞好本单位的"斗批改"。

在单位平时工作积极、思想进步并担任重要工作的同志，认真学习、深刻领会"文革"的政策精神，对本单位的主要领导，即当权派进行批评教育，提出宝贵意见，促其改变工作作风，努力工作，把企业的经济效益搞上去，促使国民经济快速发展；平常工作消极，有这样那样污点的同志，纠集到一块，不谈工作，只谈到社会上串联、聚会。这样，单位里的同志就形成了两大派组织。

坚守岗位的一派叫"同心干"，是保守派、少数派；离开工作岗位，参加社会活动的一派叫"红二七"造反派，是多数派。我们虽是少数派，但正义在我们这一边，我们使单位的工作照常运行。他们也不敢把我们怎么样，只好拿单位领导——当权派出气。

1967年春，中央有个精神，说造反派、保守派都是革命群众组织，要在革命的前提下，实行革命大联合。根据这个精神，从形式上实行了联合，我是联委主任。一个多月后，河南"二七公社"又来了个树旗闹革命，因此单位的"红二七"造反派也跟着树起了旗帜搞分裂，在单位内部搞胡揪乱抓，根本不把联委当回事。

单位里有的同志的父亲是国民党员，有的同志出身地主阶级家庭。造反派把他们都抓到单位监管起来，联委根本管不了。联委已形同虚设，于是就宣布解散。声明一出，造反派立即筹备成立城关供销社革命委员会，随即报到县里，但几个月都没被批准。后来他们把我这个自行宣布退位的联委主任增添为成员后，县里才予以批准，城关供销社革命委员会才得以成立。革委会成立后，单位工作由我抓。因此有些革委成员想方设法排挤我，鼓动革委会成员分工共管，让我只抓几个门市，因为县供销社已决定将这几个门市移交给土产公司。

半个月后，县里宣布这几个门市及所有人员划归土产公司管理，我也正式调到土产公司。我被安排到政工组，具体负责专案，清理阶级队伍。

清理阶级队伍的专案工作需要内查外调，取证落实。这个工作比较复杂，是一项认真细致、承担责任的工作。

八、调查取证

当时单位有个司机叫张清亮，因为严重的历史问题被江岸机务段开除。我带着这一问题，到江岸机务段档案室查证落实后发现，根本不是什么"严重历史问题"，真实情况是：张清亮同志原是江岸机务段火车司炉工，因工作不够认真负责，在火车头上供煤失误，蒸汽跟不上造成事故而被开除。后来我又到他的家乡开封调查，没有任何历史问题。回来向单位汇报后按照证据给张清亮结论：历史问题不存在，工作上可以适当考虑安排。

"一打三反"（打击反革命破坏活动，反对贪污盗窃、反对投机倒把和反对铺张浪费）运动在土产公司全面开花。公司内部互相揭发，相互攻击，揭发材料纷纷递送专案组，我都建档存放。

经过筛选，重点有两个案件。一是张贞顺过去当采购员，在西安市采购的商品有问题，最重要的是他采购的电焊机问题，为此曾坐过监狱。他在狱中交代说："车子，手表，电焊机，时间长了，想不起来了。"监狱因没有证据而释放了他。因此，每次运动来时都被拿"有经济问题"斗而不放。

我带着这个问题和孙鸣同志去西安调查取证。取证难度相当大，西安收购站售给渑池县的电焊机十多年了。去收购站查票据，票据都堆放在二楼地板上，且因其他单位也有来查票据的，原来整捆的票据被全部打散，不分年月日地散放在楼板上，有四寸多厚，要想查出一张发票真如大海捞针。咋办？我说咱既然来了，且又关系着一个同志的命运前途，即使大海也要把针捞出来。

时值盛夏,二楼没有风扇,更没有空调,连个座也没有。我俩弯着腰蹲在楼板上,手拿一根六寸长的小木棍,一张一张地挑拣了两个多钟头,浑身汗水直流。孙鸣同志抹了抹满头的汗水,显然已经没一点信心了,他说:"算了吧,咱们也尽力了。"

我说:"再坚持一下,一定要找完,咱们这次如果找不到证据,张贞顺这一辈子就算完了。这件事要搁到咱身上,咱不是也希望调查人员不管再苦再累,一定要替咱找到证据,还咱一个清白呀?"

就这样,我们又一头扎进了这些票据里。

功夫不负有心人,我们终于在废弃发票中找到了那张有关张贞顺命运的原始发票!我们拿着原始发票到收购站复制、确认、盖章,赶车,带着证据回到渑池县,向领导汇报后,张贞顺同志的历史遗留问题得以解决,他被平反了。

这个事按说早该解决了,为啥拖到现在,使张贞顺同志蒙受了几十年的冤枉,葬送了几十年的青春,耽误了几十年的进步机会。张贞顺得到平反之后,万分感激地跟我说:"你真是我的大恩人,是咱单位最负责任的好干部!"

第二个案件是土产公司驻洛阳的采购员刘志德从孟津县造纸厂采购了一批大红纸,未运回渑池县土产公司,直接联系卖给了伊川县彭婆供销社,将货款与本单位保管员马铁成合伙贪污,然后把县百货公司在外地采购的红纸从火车站货运室直接拉到土产公司日杂仓库,顶住已贪污的红纸缺口。百货公司去土产公司日杂仓库追要时,马铁成矢口否认,拒不认账,百货公司没办法,只好自认倒霉。"一打三反"时才查出了这一案件。

1967年农历十月十七,我的大儿子史来军顺利降生。看到孩子,我激动得哭了,本以为这一生我都不会有小孩了。结婚五年后,县医院检查说我夫妻二人身体有问题,不能生小孩。

因为年轻不懂医学，加上自己思想负担重，我们一直没有同房。直到1966年，去洛阳正规医院检查，才得知我们二人完全没有病。当天出了医院，我们住在洛阳宾馆，也是这一天开始有了大儿子。

想想这五年以来所承受的思想压力，妻子也因为结婚五年都没有孩子听了许多闲言碎语，这个结果让我又激动又难过。

可想而知，对于这个儿子我有多爱。看到他的小脸，我对人生充满了希望："我也当爹了，我也有了继承人了。"我恨不得向全世界分享我的快乐和幸福。

1970年农历八月十三，幸福接踵而来，我添了一个千金史艳丽。1973年农历二月二十一又生了二女史艳红。那时候的我走路带风，睡觉都能笑出声来，我怎么那么幸福呢? 我的小家庭里又多了一个成员。

九、干哪一行，就把哪一行干精彩

1973年11月，经公司决定，最不讨好的总务事务工作交给了我。我这人，只要你把工作交给我，再难我也要把它干好。为了把食堂搞好，让职工吃好，就要总结以往的教训，找出症结所在，然后采取有效措施，力争立竿见影。

首先我改革炉灶，节约能源，把节约能源的钱用到伙食上。这样既减少炊事人员的劳动强度，减少了环境污染，又提高了生活水平，真是一举多得。

接着制作轧面机，为食堂和家属轧面条提供方便。原来食堂和家属要到汽车队去轧面条，现在可以不出公司门就可以轧了。炊事员劳动强度减少了，工作热情高涨了，饭菜质量提高了，就餐职工也满意了。

当时粮食供应是70%细粮，30%粗粮。供应标准是: 行政人员每月

29斤，营业员、保管员31斤。我通过个人的关系和努力把粗粮全部变成细粮，同志们十分满意。

时隔不久，负责基建的刘志德同志突然患中风，半身不遂，公司领导又把搞基建的工作交给了我。我为了改变公司的环境，买一桶红漆，自己动手，每年两次刷新公司及仓库的门窗。我的衣服上红漆斑斑，活像一个油漆工。

公司在英壕瓷厂设有一个点，距离公司较远，该点的同志们在生活上有许多不便和困难。十月初，我就提前把该点同志们的取暖煤送了过去，不让同志们受一点冻。需要什么一通电话，我就把他们所需要的给他们捎去。年终总结工作时，瓷厂点上的同志胡文屏说："今年领导对我们生活关心，天不冷早早就把我们冬天取暖问题解决了。"

公司业务上负责开票的董喜英同志生小孩，领导把开票工作也交给我；财务上负责出纳的刘淑琴生小孩，领导让我去替代她的工作；仓库李书凡盘点对不住账，领导调我去帮助。这一时期我身兼数职，同志们问我累不累，苦不苦，我说："苦不苦，累不累，想想革命老前辈；累不累，苦不苦，想想红军二万五。"我这点苦和累算什么，这是我一生坚守的精神，也是我们那个时代的精神。

工作中，我的抗压能力比较强。即使这么多工作全部压在我的身上，我也没有感觉到承受不了，反而在压力中学会成长。通过各项工作，我锻炼了自己的工作能力，总结了工作经验，对以后的工作，也有很大的帮助。

所以，当工作量越来越大的时候，我首先是调整好自己的心态。想想自己既可以帮助别人，又给自己一个提升的机会，何乐而不为？于是我就安下心来把每一件事情都做好。

工作上顺利，但是在生活中，我却在变动和艰难中前行。

1973年，四弟复员回家。我当时住的地方的地皮是村里给他批的，虽然是我经手箍的窑，他回来了就归人家。我另申请批宅基地是名正言顺的，在县里通过邵三有批了一块宅基地。

1974年春节，靠亲朋好友筹集资金盖起三间房。盖好即乔迁新居，这是第三次拾掇住房。

1978年夏季，房子的位置做了重新调整，旧料重用，基本没添啥东西，只添了两捆苇秆、两车白灰，花了二十多元。这是第四次拾掇房子。

十、灾难重重，人祸连连

➾ 旅行"拯救"了妻子

工作苦和累都不怕，但是不幸的灾难和人祸压得我喘不过气，给我的精神打击实在太大了。

1974年，爱人因之前经常生闷气而患病，加上当时经济十分困难，病情越来越严重，她连饭也吃不下去了。胃下垂多达17厘米，身体瘦到76斤，生活不能自理，连路也走不动。

没钱也得治，人命关天，况且爱人也是家里的顶梁柱，是我能扛住压力的精神支柱，有一分希望就得做百分的努力。

别人买药是一服两服，我买药是一箱一箱的，每月27服中药，一服也不能少。一天三顿饭还得我亲手做，天天累得我头昏脑涨，晚上头挨着枕头就睡着。有时也会夜里愁得睡不着，虽然坚信天无绝人之路，但一分钱却能难倒英雄汉！没办法，借。向三亲六姑、亲朋好友借。

买药，吃药。但是，妻子的病情并不见好。

看到妻子日渐消瘦的身体，我心如刀割。想到她当初嫁给我时是如何的漂亮健康，而现在满心要给她带来幸福的我，却看着她成了这个样子，我难过！我想十几年的夫妻，还没有出去旅游过。现在病成这样，我要带她出去散散心，看看外边世界。即使病治不好，她离我而去，我也算尽了心，终生不遗憾。

于是，我们开始了一场旅行。我心里开心，但是也有隐隐的担忧：这场旅行会不会就是分别？

什么都不敢想，一切都抛到脑后了。

我规划了旅行路线：先到洛阳一星期，晚上住在我侄儿史道贤家；第二步到郑州一星期，住在省社下放干部盛宗显家；第三步到开封住两个星期，住在苏广荣（妻姑）家。

姑姑还领着我们到开封市宋门外的医院找老中医诊断治疗，确认爱人早期肝硬化、贫血等症。老中医说用药物治疗即可，并提示："你身体不适应带环，回去赶快把环取掉，会慢慢好转的。"又说："男的得胃下垂不好治，女的得了好治。怀孕后可以把胃提起来，以后食欲调整好就没事了。回去后，按时吃药，丢掉精神压力，自我控制情绪，慢慢就会好起来的。"

这次的旅游对我爱人来说也是一种告别吧。她自己的身体状况她也清楚，即使这样，她也不说。她不想让我太难过，一切事情她都在默默地扛。也许是她对这个家，对我不放心。

经过这次旅行，她放下心事，接受命运的安排，决定活着一天就要努力好好地活着。半年之后，精神上大有改观。爱人吃斋，一直坚持到现在，已经成为她的一种习惯。不知不觉她的病好了，虽然现在身体依然不太好，但当时检查的肝病已经完全好了。

🔸 丧子之痛

常言说祸不单行。那次旅行回来后，发生了一件"天塌"的事。大儿子史来军生来就是一个"帅才"。他有勇有谋，很有才干，身边经常围着一堆跟他玩儿的孩子。

但是命运将魔爪伸向了这个太过聪慧的孩子。

那一年，他10岁。吃了午饭，他和他妹妹一起在我们土产公司后边的仓库院内的竹围扇垛上玩。公司跑站员王某某见到他，恶言恶语将他从垛上撺下来，儿子不服气地瞪着他。

他感觉自己的权威被挑衅了，一个孩子也敢对他不服气。一怒之下，他当着我7岁女儿的面，往儿子肚子上狠狠踢了一脚。

10岁的孩子怎么可能有反抗的能力，被他踢到后，爬都爬不起来。

孩子中午吃了一大碗面条，被踢后，好不容易回到家，就闹着肚子痛，然后就开始呕吐，接着吐清痰。

我见状不妙，赶紧到医院把医生请到家中。医生一看他已口吐白沫，瞳孔缩小，脉搏微弱，让赶快送医院。

我们马不停蹄地奔波着，依然没有挽回这个孩子的命。晚上七点，孩子医治无效身亡。

他就那样躺在我的面前。一天前他还是一个活泼快乐、四处奔跑的小伙子，此时此刻却躺在那里一动也不动了，更不会再叫我一声"爸爸"。

他温热的身体一点点冷却下去。我和妻子的心，也跟着破碎了。

一切无力挽回，一切都变得很无力。我愿意用我的生命去换回孩子的生命，他刚来到这个世间几年，还没有经历人间的美好，更没有经历生活的酸甜苦辣，这对他不公平。

很多事情，我都尽可能去解决，去努力，去争取。唯独此事，我却这么无力，更加无助！

孩子的夭折真如五雷轰顶，令人痛不欲生！我怨老天不公平，这么多年自己勤勤恳恳、兢兢业业，妻子善良，为什么灾难会落到我的头上？先是妻子受苦，现在孩子也死了，我是怎么了？我到底犯了什么错？

看着孩子闭着眼睛，脸色逐渐惨白，身体逐渐变凉，再看到妻子难过得痛不欲生的样子，我也想哭，但我必须强忍着痛苦。

我是这个家的天，我不能倒下。我担心妻子承受不了，泪水只能往肚子里咽。我不能再让身体本来就很差的妻子再倒下去。

接下来咋办？向公安局报案，证据难取。大女儿虽然当时在现场，但是她毕竟是7岁的孩子，她的话不能作为证词。不报案，心头仇恨难消，我一时陷入两难境地。

这种感觉纠缠得我心痛不已。在孩子遇难去世后，很长一段时间，我内心总不能接受他已经离开人世的现实。总是不自觉地叫他，该吃饭了叫他："来军，赶紧吃饭。"没看到他在家，我就会想，这孩子又去哪里玩了？该吃饭了也不知道回家。作业写完了没有？上课有没有捣乱？转眼猛然意识到，他已经不在了。想想当初如何艰难才有了他，随着他年龄的增长，举手投足间流露出的帅气，越来越觉得他和我相似。

从前，每天见到他，他都是充满活力，就是一个活泼的阳光少年。他还是当地的孩子王，每次见到他，总是领着一群年龄相近的小朋友一起玩。大家都很听他的话，好像他就是他们中的小司令。

在我们面前，他又是个小大人。对他的母亲非常体贴，从不惹她不高兴。因为他是我们的第一个孩子，所以对他格外宠爱。经常带着他去县里拍照片，每当拿回照片给他看时，他总是自信地问："你们说我好看不好看？"我总是高兴地回答他："你长得太好看了，和爸一样好看。"这话一出口立刻引起他和他妈妈的嘘声。那时候，我们多么幸福。

他当时已经在县城东关小学上三年级了，学习成绩非常好。每次看他认真读书的样子，总让我联想到一个诗人。那时候我常想，他长大了会干什么呢？会不会是一个科学家？也许是一个医生？在不断联想的过程中，我盼着他早早长大，但是我最终还是没有陪着他长大。

孩子死而不能复生，证据又不好取。我冷静下来后，决定自认倒霉。还有一个让我不得不冷静下来的原因，就是妻子的绝望和痛苦。从出事的那天起，她整个人的精神就垮了，每天哭哭啼啼，之前孩子的照片时刻刺激着她，只要一看到照片就哭。

隔了一段时间之后，我的岳父知道了，他当机立断拿走了孩子所有的照片。当时我虽然不舍，但为了妻子我也默认了。照片拿走后，至今不知道他是怎么处理的。总之，再也没有见到那些照片了。

我心里十分清楚孩子遭此毒手的原因。我内心经常有种冲动，真想冲到他面前让他替我孩子偿命。但理智总是阻拦着我，看着一家老小我怎么能这么做呢？痛苦归痛苦，工作归工作。工作上我照样兢兢业业，不能因私事而耽误工作。人在做，天在看，我坚信善有善报，恶有恶报。

现仅存的一张与儿子史来军（前）、大女儿史艳丽的合影

对于痛苦中的妻子，我也只有好好劝她："人死不能复生，但是我们得好好活着，我们还有未来。这个孩子走了，可能他没有这个缘分在这个世界上，就让他好好去吧。"

但是我的孤独和痛苦又有谁知，有谁解？我只能默默地跟自己聊，不断地去宽慰自己。

夜深人静，我一个人在野外时，面对苍天，我责问它为什么对我这样不公？为什么我这样一个工作积极、品格正直的人会得到这样的灾难？

但是上苍如此沉默，无法给我一个解答。

走过痛苦，终有收获

穿越痛苦，我把满腔的怒火化为工作的力量。但随着时间的流逝，一些人经常议论我，一些谣言不断地传入耳中，每当听到那些中伤的话，我的心都如同针扎。

1978年搞"一批两打"（深入揭批"四人帮"；打击阶级敌人的破坏活动，打击资本主义势力的进攻）。单位一小撮人诬陷我，说我家里出了这么多事，还新盖六间瓦房，花那么多钱，他有多大本事，肯定贪污不少。因此，组织上把我弄进了学习班，和家人隔离。

那时，我三女儿才出生40天，爱人身体又不好，急需我照顾。祸不单行，邻居炕茴香把我爱人的奶也呛回去了。小孩因没奶可吃，整天哭闹不休，也一天比一天瘦弱。

我被关进学习班后，组织上经过审查，并派人到我家调查后才弄清事实：我因没处住，靠借债和亲戚帮助才盖了三间房子，去哪儿盖了六间房呢？且随着调查的深入，越来越清楚我到底是怎么样的一个人，我的家庭现状到底是怎么样的。几个月的审查结束，弄清了事实，证明我是清白的，没有任何经济问题。

在被关的几个月里，我的好习惯拯救了我，每天睡得特别香。因为内心的清白，我在里面反而休息了一段时间，没事倒在床上就睡觉，把这些年的觉都补了回来。我相信组织上经过调查会还我清白，所以并不担心这些。只是对刚出生的三女儿充满了担心，可是当时的情况又能怎么办呢？

这些人一看经济上没查出什么问题，就对我大肆进行人身攻击，说我是绝户头，断子绝孙。我前思后想，昼夜思考这一问题，咱没得罪过任何人，工作干得又这么好，为啥会遭到这些人的拼命攻击、陷害呢？

后来我才慢慢理清了根由，原来是因为自己工作太积极、太出色，得到的荣誉太多了。老子曰："不敢为天下先。"誉满天下者，必毁满天下，嫉妒生怨恨，有怨有恨，什么手段使不出来？

从学习班出来后，我被单位抽出来下乡宣传《六十条》（落实党的干部政策及地、富、反、坏、右摘帽平反的有关政策）。

1978年11月，我从学习班出来，第一件事就是为三女儿解决吃饭的问题。那时候妻子没有奶水了，我去农贸市场上买了一只奶羊。每天把羊拴在自行车后车架上骑着自行车上班，上班前给孩子挤奶喂饱。我工作时把羊放在单位附件有草的地方，下班和羊一起回家，给孩子挤奶喂饱。每天大街上的人看到我这样都在旁边嘲笑我，也有一些了解情况的人称赞我，觉得我真是一个伟大的父亲。时间长了，大家也习惯了这样的风景，都在背后给我起个外号叫"牧羊人"。而这个喝着羊奶长大的三女儿也被喂得白白胖胖的，看着她圆鼓鼓的小脸，我觉得那些嘲笑都太微不足道了。

1979年农历十月二十六，我的小儿子出世，命名史颜芳。

孩子是在半夜降生的，因时间关系，半夜不好找接生婆，再加上不想闹得动静太大，我亲自上阵接生了我一直企盼降临的小儿子。看到儿子在我的接生下顺利健康，当时的心情无以言表。接下来我又接到了组织部通知，从土产公司到检察院工作。

十一、新的工作，新的起点

🔶 干啥像啥

1979年冬天，我一直忘不了第一天去检察院上班的心情。上班之前我从内心深处就认为，检察官是一个了不起的职业。想到穿上制服的那种感觉，我内心升起无限的荣耀感。

我在心里暗暗地下决心，一定要把工作干好，做一名优秀的检察官。从企业到政法机关，工作性质发生了质的变化，我担心不能胜任。当时检察院是重建恢复单位，人都是才从各单位调来的，人员不足，案件繁多，也没实习期，直接进入工作期。

我被分配到刑事检察科，任务比较重。法律是严谨肃穆的，是关乎人民生死攸关的大事，是不能有任何差错的。因此，我暗下决心，一定要搞懂法律，铁面无私，秉公执法，绝不能有丝毫的含糊。

我仍然清晰地记得到检察院受理的第一个案件——县城内一起流氓犯罪案，一群小青年结伙打群架被起诉了。小青年一个比一个年龄小，他们的父母哭天抢地。"父母之爱子，则为之计深远。"虽然同做父母的我，看到这样的场景也有恻隐之心，但法律是公正的，如果不对他们的犯罪行为进行处理，那么更大的犯罪还会发生。

我一个从来没有系统学习过法律的人，该怎样处理这个案件呢？我认真地学习法律条文，为自己找出了结论——首先看案件是否构成犯罪的四个要件，其次搜集证据必须达到四个要素：时间、地点、人证物证、事实真相。每个要素要达到标准，事实必须清楚，证据必须确凿充分，定性必须准确，处理必须得当。办案件目的是惩治罪犯，宣传法制，教育群众，使社会稳定。我依法对此案主犯批准逮捕，5名从犯因未满18岁，未批捕。

案件在渑池县人民会堂公开审理，要求各部门各单位参加旁听。我是公诉人，在法庭上指控被告人的犯罪事实，有据有理，气势磅礴。原来工作过的土产公司参加旁听的同志庭后说："史点学咋干啥都行！到检察院算把他调美了。"我听到后十分感慨地说："天叫人死活不成，人让人死死不了。只要胸中有丘壑，不怕大千写不成。"

检察院是法律监督机关，一是对公安的侦查监督，二是对法院的审判监督。此外，直接侦办渎职、违法乱纪、贪污贿赂等案件。办案准则是：以事实为根据，以法律为准绳，不枉不纵，法律面前人人平等。

我在审查案件时，首先看事实是否法律所规定的犯罪事实，其次证据是否确凿充分，再次看案件性质是否准确，最后看被告人认罪态度是否有被逼供等问题。只有这样，才能不冤枉一个好人，不放过一个罪人。

十二、诬告陷害天理不容

村子下游的裴窑水库，雨季时淹没我村一百多亩地。看着已经形成的事实，经过认真思考，从经济利益出发，我给队长大哥说："咱村这些土地变成了水库，干脆把水库利用起来，或许比土地效益还高。搞个水库承包制，谁愿意承包这片水库就给村子交个承包费，自己经营管理。"我又给村长说："先让大家报名承包，如果大家不愿意承包那就由我妻子来承包。"村长觉得我这个主意可以，就开个群众会让大家报名承包。

群众会上没有人报名，大家都在想着种地致富，担心养鱼不行。鱼每天还要喂食，前期还要投放鱼苗，万一喂不活不是赔死了吗？最后我妻子报名承包。

我到县里银行为她贷款六百元，全部买成鱼苗放到水库里。半年后，只见水库里一群一群的鱼很喜人。在这个过程中，天天有人说风凉话，但也暗暗地观察着水库里的动静。

看到鱼慢慢长大了，有的人夜里用药炸，有的搞破坏，往下水道扔石头。石头架到下水道中间，秋季洪水沫子柴草从下水道往下排，被夹在水道中间的石头堵住，造成下水道堵塞。

防汛期间，看着水位一天比一天高，县里就追查下水道被堵的事。他们认为是往水库里放鱼，我怕鱼跑而故意堵住下水道。

这时候村子里那些眼红的人就出来陷害我，说他看见我掂着水泥原浆把下水道堵住了。县里的一个领导就偏听一方，不调查研究就直言要收拾我，追究我的刑事责任。他单方面认为我是为了个人的利益故意这么做的。

我说："我是一名检察官，会做出这么出格的违法事吗？我让水库养鱼不是为了发财，而是为集体着想，不让好端端的一库水浪费，增加渔业收入。谁知，好心变成恶意。"

后经过水利部门深入实地勘查，将下水道用钢管捅开，原来是三石相聚造成的，并未发现水泥堵住下水道的迹象。

县领导失言了，事实清楚了，我的心灵受到伤害了，经济损失了，这才给我解脱。我所下的鱼苗一年多后捕捞，赔了七百余元。

虽然赔了，但证明养鱼是好事，能增加收入。人生的路是漫长的，是有风险的，明知山有虎，偏向虎山行，就是这个道理。如果啥都不接触，啥都不敢干，社会咋发展进步？现在我们国家有核武器、导弹、舰艇、航母、载人航天飞船等，进入世界先进行列，过去谁听说过，这都是科技发展进步的结果。

也是放鱼苗的小小行为，让这个小山村的水库活了起来。随着一年年的喂养，小鱼苗都慢慢长大。连接两个村的水库中间有一条小溪，这个小溪便成了三里五村小孩子们玩耍的乐园。

小溪边是树林，那时候的人不会烧烤，只会光脚下河摸鱼，经常从溪边的水草丛里摸到鳖。有时候是好几只，很小的那种，大的鳖在水库边上也会经常看到。村里的人从来没有想过从水库里捞点鱼炖着吃，觉得鱼太腥不好吃。只有小孩子们拿着盆或桶，弄点小鱼小虾，拿回去非让家长给做熟，烙点薄饼卷着吃。直到现在，水库边被承包开发成农庄，有饭店住宿及野外求生等游戏，小溪边的树林成了城里人的野外烧烤乐园。

十三、一根竹竿发了家

水库的事情虽然没有做成，但是妻子想做小生意的积极性被调动起来了。

所以，我又提议继续做点小生意，一是分散她的精力，二是改变家庭生活环境。我的提议得到了她的认可。

我就买了一根毛竹，手工编成一个竹排，两边用架子支撑起来，做成了一个简易的货架。

1980年的春节前四天，我们在渑池县百货大楼对面摆起了货摊，开始卖鞭炮、红纸、日用杂品还有副食品等年货。那段时间小摊生意很是红火。

我利用下班休息时间负责进货，妻子负责卖货，带着两个小孩子在摊边玩耍。我们干了四天就净赚一百多元，虽然累但是很充实。看着妻子忙忙碌碌的身影，不再为她的身体而忧心忡忡，我觉得这个小生意选得很好。但这个生意只是春节前的临时生意，当时的人赚钱都很少，只在过年前舍得花钱买点年货，平时能省则省，根本不怎么买东西。

春节后，我又对竹排货架进行二次加工，把它改装成一个架子车底板，然后再加工成移动售货车。之后，我们开始每天推着售货车零卖。位置不固定，走到哪里卖到哪里。

因为妻子逐步熟悉做生意的门路，小车的效益越来越好，家里的收入也有所提高。时间一长，我担心妻子经常推着车子太辛苦，怕累着她，又想办法租了一个固定的售货厅，开始了正规的小店经营，资金上也开始稍有储存。

紧接着，我们就拿着自己储蓄的钱在渑池县市场街上买了一间门面店，从此之后有了属于自己的店铺。这也算是人生的第一桶金吧，是从一根竹竿开始的。

1984年，日子刚刚好起来一点，又撞上了祸不单行，我在一星期内处理了两场丧事。岳父病故那天，就是母亲有病那天，岳父"一七"那天又是母亲病故那天。接二连三的灾难打得我晕头转向，难以支撑。想想岳父对我的感情，我禁不住为他难过。岳父一直很器重我，觉得我是一个正直可靠、不断追求进步的人。在他的两个女婿中，他认为我是个优秀的人。虽然他的大女儿在我家中也受了不少苦，但他从来没有埋怨过我一句。我对他也很尊重，对他发自内心地孝顺，我感谢他把那么优秀的女儿嫁给了我。在我经济上并不宽裕的情况下，我每次也会拿出五块钱让他零花。

那时候，岳父想在自己的村子里（他的村子叫苏门）盖一个院子，为了以后他儿子长大了好娶媳妇。在其他人都无法提供支持的情况下，我毅然挑起了重担。我不怕苦不怕累，想到妻子曾经对我的付出，我也想为她的娘家做力所能及的事情。就这样，我为岳父盖起了一个院子。

回想起我参加工作时，月工资21元，半年后转正定级为29.50元，两年后调整工资时调为34.00元。1964年单位派我去偃师搞社教，从我的工资中支出25元转给社教部门作为我的生活费，只剩下9元发给家里供家属生活。爱人生活俭朴，多数时间在娘家混吃混喝，仅9元生活费，还节约下来大部分供我的不足。她是我的媳妇，经常在娘家生活怎么行呀？虽然岳父岳母从来没有说过我们，但我的心里怎么过意得去？我曾设法将她的户口转到东关大队，虽经做工作，但东关大队不接收。又到她娘家苏门村里做工作，苏门村也是不行，不接收。

这样下去，户口没有着落怎么办呢？我跟媳妇商量说："咱俩的感情这么好，干脆把你的户口迁到小寨沟。有了户口，咱就离开原住窑洞，自己另外盖个小院住。"媳妇说："中，现在就走，离开娘家。"

我和媳妇一块回到我家，我先跟大哥商量说："南边你那两间孤房，先让我收拾后住下吧。我现在生活困难，没有办法，在苏门住不是常事，我又没力量盖房。"

大哥爽快地答应了："能行。"决定后，我抽空和大哥共同将土围墙用夹板夹着打起来，盖了一间小厨房，安了一个枣刺门（野山枣的枝），开始独立生活。

独立的几年来，我不停地鼓捣着我家的两个锅台，夏天把屋里的锅台扒了，盘到外边，防热；冬天把外边的锅台扒了，盘到屋里，取暖。

1970年，四弟史文学应征入伍，成为军人。民政上照顾军属补助盖房工资，砖、瓦四弟已经烧好，木料二哥买好已订下。四弟走后，二哥将木料卖给别人了，盖房缺少木料咋盖？

后我与大哥商量决定："房盖不成箍成砖窑，咱兄弟三个分担一下责任。大哥你负责出力，二哥拿400斤麦、两条烟，其余零星开支都是我的。"第二天，我和大哥到县城，跟二哥一商量，二哥也没啥意见，我们便开始行动。

大哥去河滩将石头一车一车拉上来，将砖从砖瓦窑搬运到工地。该动工的前五天，二哥变卦了，他说："弟兄三个，让我拿400斤麦，我拿不了。我只拿150斤麦，两条烟。"

临时突变，怎么办？大哥生活非常困难，让他拿粮食实为艰难。大哥的力气已经出了，最后我决定："原计划不变，这窑算我箍的，所有费用都由我来承担，你力气出了，到你盖房时我给你助工。"

窑箍好半月，下大雨把窑脚冲倒了，窑塌了，只剩一孔窑。这时，母亲说："住土窑危险，快塌了。"二哥说："叫点学请两天假，回去给你盖两间房。"

就这样，南边那两间房我让母亲住。我们搬进剩下的那孔砖箍窑，在里面居住了近两年。

窑房简陋，过路行人每次路过都说："危险，不敢住啊。"

我说没事。这是第二次拾掇房子，这孔窑成了我第二个独立生活过的地方。

十四、忘年交·师徒情

1984年上半年，赵荣同志（三门峡市湖滨区检察院原检察长）从渑池县农业银行调到渑池县检察院经济检察科上班，我当时还在刑检科。

三个月后，我也调到经济检察科，和赵荣同志在一个科室工作。他看我在办案当中工作态度积极，工作方法比较灵活，工作能力较强，人又比较实在，就开始和我交往。

我也觉得这个年轻人思想积极，办事利索。

工作中，他尊称我为师傅。生活中，我是他的叔叔。

时间长了，我们在一起无话不谈，成为忘年交。我们两个人有一个共同的爱好就是喝酒，而且都认为自己酒量大。在酒桌上，只要我们俩一合作，就没有人能喝倒我们。

我喝酒之后喜欢唱戏，他喝酒之后喜欢吹牛。也不知那时候两个人怎么有那么多说不完的话，他说他的，我唱我的，气氛相当融洽。

我们在一起工作时，也合作办过很多漂亮的案件，得到过奖励，也有荣誉。每当得到荣誉时，我们都很默契地相视一笑。也许这就是男人之间的一种相处方式吧。

这么多年下来，甚至到退休后，每次他来郑州探望我时，我们依然会坐下来一起喝上两杯，最开心的还是聊起当年的故事。后来，他荣升为三门峡市湖滨区检察院检察长，依然亲切地称我为师傅。

让我们两个人终生难忘的一件事就是有一年年底的渑池县检察院年终文艺晚会。我们俩合作演的一个小品，在当时的检察院系统引起了小小的轰动。后来我们两个人回忆起来这场演出也乐在其中，没事的时候还回演一下。

当时演的小品的名字叫《老王八送鳖》，赵荣演老王八，我演检察官。故事的情节是这样的：王八是一个煤矿的老板、因煤矿出现安全事故需要承担责任，他为了逃避责任就给我（检察官）送了一只鳖；我不但拒收那只鳖，还教育他主动承担责任；在我的引导下，他终于意识到了自己的错误。在检察院的晚会上表演时，因我们提前排练排得好，两个人的合作也非常默契，最终小品演出演得非常成功。

那次的演出，直到现在还被单位的人津津乐道。当时来参加晚会的县领导评价道："检察院的人才就是多呀！"

记得我们为了演得更生动，两个人还化了装。我的脸化得通红通红的，他的是黑的，我的更像关公的那种红。

当我写回忆录和赵荣联系时，我们俩共同想到的，就是一定要把这个故事写进去。

十五、我的性格爱好

我自幼性格泼辣，谈笑风生。共一件事，交一个朋友。一生不为名，不为利，不图官，不图权，普普通通终生。

虽然退休了，但朋友还是朋友，没人欺负，不像人们常说的人在人情在，人走人情败。但也有些当官的，台上一呼百应，下台无人理睬。为什么呢？当官不为民做主，高高在上，严重脱离群众，拿着国家俸禄，不给群众办事，怎能赢得群众的信任呢？

我也喜欢体育运动。小时候见女孩们抓石子，我就跟着女孩子学，很快就学会了。上四年级时，踢毽子，我跟同学比着踢，开始我老是输，我不服气，没事了就练，时间长了，同学们都踢不过我了。

1971年，我和同事潘学庆去南方调查。上火车前，他买了一副军棋，坐在火车上，他教我怎么下。我摸索着跟他学。开始总是输，不过想想二人消磨时间呢，不计较输赢。调查结束，在返程的火车上，我俩又下军棋，他已经下不过我了，总是输。我只要掌握了方法、规矩，进步就较快。

军棋出门好携带，我经常会带上，只要逢着会下的人非要挑战一盘才肯罢休。朋友来家里找我，总要下上一盘，我们下棋时孩子们会在旁边看。时间长了，我发现一个非常有意思的事。家里两个小孩在对下军棋，因为没有特别教过他俩，所以他们就按平时看到的那样子摆棋。我最小的两个孩子年龄只差一岁，但三女儿性格外向，爱说话，总听到她跟弟弟说："你的司令比我的军长小，我的军长是大官。"偶尔听到儿子说："上次你不是说军长比司令大吗？为什么现在你的司令又要吃我的军长？"只听到三女儿讲："上次你的司令是小司令，这次我的司令是大司令。"三言两语就又开始继续下。每次看着他俩有模有样下棋的样子，真是可笑极了。

平时我爱打篮球，水平一般，投篮较准。在我30岁到40岁期间，篮球打得在业余球队里还是较好的，善打硬仗，战强队，在县城跟冠军队比赛总赢。有一年913储备库来了一帮优秀队员，在渑池县灯光球场跟义马矿务局冠军队南露天队打，赢了南露天。第二天中午跟我们财贸队打，他们输了。他们输的原因是太轻视我们，而我们发挥了正常水平，才赢了这场比赛。我有时三大步上篮，创过三个人防守，栏下准得分。场外有个老球迷爱看我打球，只要球传到我手，他就在外高喊二分，对我的投篮技术评判很高。

家里情况虽然不好，经常出门喜，进门愁，成为常态。摆脱不了现实，但我能摆平心态。出门喜，是忘了家庭里的枷锁，解放思想，大胆认真工作，将工作干得有声有色，干出成绩。进门愁，一进门接触家庭实际，该干啥干啥，愁的如何摆脱，采用什么措施、方式，使媳妇精神上摆脱疾病的困扰，排除压力，减少负担。外人说我心大，不大有啥办法哩？心中的苦衷向谁诉，只好面对媳妇喜笑颜开，背过揾泪，心底清楚，勇敢面对，没有泄劲。

在漫长的生活中，我能平易近人，真诚待人，乐于助人，尊敬领导，宽以待人。在艰难困苦之时，领导关心，同志相助，渡过了难关，收到了赞美声。

十六、帆布大棚生意

1986年11月，小舅子从洛阳军人服务社调来军用劳保物资。为了在渑池县广开销路，我们一起在渑池仰韶大街西段搭建了一个帆布大棚，面积约20平方米，经营军用劳保用品。

经营范围有军大衣、军棉衣、军棉裤、军棉鞋、军用皮带、军用皮鞋等军用物品，聘用家里亲戚临时充当营业员。

没想到，购买者络绎不绝，销路迅速打开。很多人买过之后觉得质量好，于是再次购买，还介绍亲戚朋友前来购买。一时间场面火爆，光营业员都用了四五个。三个月下来，我们净赚五千元。

这几次做生意本身就是为了给爱人找个事干。小舅子是洛阳军人服务社经理，也支持自己的姐姐做点生意，不但可以贴补家用，还能在做生意中找点乐趣。但是我作为检察院工作人员，是不允许参加做生意的。

所以说，在经营上我不能直接参与，都是妻子自己在做。但是无论我出不出现在现场，都被议论。而我被议论多了，习惯了！

看着妻子因生意红火而忙碌的身影，我觉得被议论几句也值得！这个大棚生意一直持续到后来的门面房固定生意，也是这个大棚的收益才使得我们有能力购买到固定门面房。

十七、蛛丝马迹

1989年，渑池县陈村煤矿来检察院报称，陈村煤矿食堂管理员干了近两年，造成食堂粮资短少，面粉少了10万多斤，食用油少了2000多斤。矿务局没法处理，义马检察院不予受理，渑池检察院受理了此案。

我和赵荣等人到陈村煤矿去查办。经过数日工作，进行了五对照：账单与实物相对照、报表与实物相对照、派车单与运输车相对照、粮本与售粮发票相对照、出库单与付款凭证相对照。

通过五对照发现，议价门市报表多出面粉4万斤，直属库仓库面粉多出6万多斤，运输车辆已报停，可运输发票上却显示已出车。陈村煤矿食堂面粉为啥运到曹窑煤矿食堂，直属库记事本为啥时间顺序有差错，本来是4月份发生的事为啥记到10月份以后？

我们带着这些疑点，一一查对核实，终于将10万多斤面粉追回来。陈村煤矿食堂面粉短少这个案件比较特殊，它牵涉到陈村煤矿的主管矿长、福利科书记、粮管所保管、城关镇土地办主任、商业局五金公司保管员，以及社会上开三轮车的司机等。

对经济案件的侦查，需要搜集证据以及主要资料和辅助资料。主要资料是依据，辅助资料是基础，证据必须确实充分，必须有辅助资料做印证，才能将案件准确无误地办到位。

这一无头经济大案的侦破，轰动了三门峡市检察院，义马矿务局以及渑池县城。因为这个案件，义马矿务局还在陈村煤矿敲锣打鼓召开了现场表彰大会。社会上的民众对此也赞不绝口。

但检察长还是对我采取了压制态度。年终三门峡市给渑池县检察院一个出席市委市政府的先进代表名额，本来非我莫属，先进事迹材料整妥后已上送到市里。但表彰大会不让我参加，奖品带回院里一部分给了我，另一部分却下落不明。不过我不在乎，人好人坏不光天知道，人也知道。

后来检察长反思了，他从内心深处觉得我是个人才，多年前听信他人，冷落了我，把我拒于门外的做法也确实过分。1990年，他宣布我在经济科协助科长工作。1991年经过民主评议，我被任命为起诉科副科长。

这时，有个别人对科长说："史点学这家伙很难处，你得注意点。"

谁知我和科长经过半年的合作，处得非常默契。科长说："别人说你这伙计很难相处，可咱俩这半年相处得还怪美哩。"我说："咱院里对我的非议很多，但我一概不在乎，只在乎把工作干好，和同志们和睦相处。"

十八、秉公执法

有一次夜晚，渑池县法院院长的邻居三人手持虎头钳，从陕县来到渑池西村，三人破门而入，将本村队长之妻痛打一顿。伤及头部，住院治疗数日，出院后留下一遇变天就头疼的后遗症。

法院在审理时，竟只判一人缓刑，其他二人不予追究。我收到判决书后，与科长杨红岩共商，立即提出抗诉，法院也予以纠正。

不看情面，不怕得罪人，尤其领导。这是我做工作的一大原则。只有这样，才能体现"法律面前人人平等"的真正含义，才会得到群众的信任。

十九、坦然面对

1993年渑池县检察院检察长再次换届，来了个李检察长。他让检察院内部成立劳动服务公司，做生意为检察院创收。经各科室推荐，由我出任服务公司经理。经党组同意，检察院抽调三名干警，提供房子九间。

经营的资金由检察院筹集一部分，银行贷一部分。我当时觉得院里的计划还可以，于是就写了报告请求成立服务公司。

但是事情进展并不顺利，公司成立后，人员不到位，资金不到位，房子不落实，业务没法开展。经多次和检察院检察长交涉，他最后让院里会计代理服务公司会计，房子给了四间。

实际上，我最终成了个光杆经理。没有资金、人员，业务怎么开展？我选择同别人合伙，但是没资金，无奈情况下只好吸收个人资金，在渑池县八里寨跟人合伙开煤矿。出煤后，义马矿务局耿村煤矿设阻力不让采煤，拉倒了井架，封填了矿口，导致公司赔了很多钱。

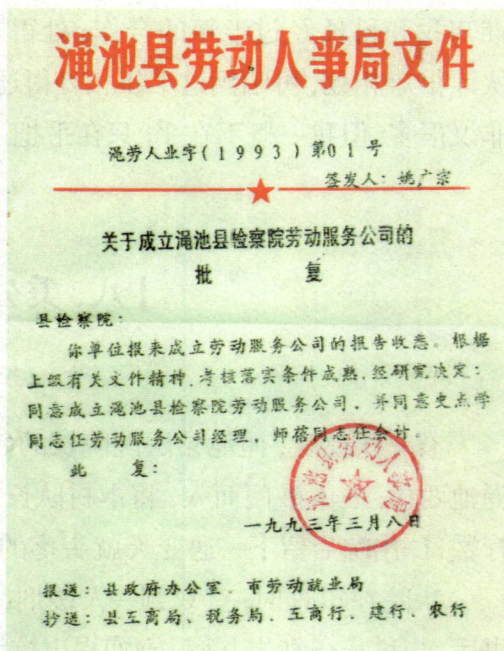

关于成立渑池县检察院劳动服务公司的批复

工作刚起步就遭受重大挫折和损失，出师不利先折兵。接着我们又到渑池县高桥开煤矿，通过严格管理，安全生产，细心经营，多少挣了点钱，但其他业务全是赔钱。

经营公司这几年，由于我正直的性格和用人不疑的个性，导致我从两个人身上得到了惨痛的教训。

一是马某，我把劳动服务公司的门市部承包给他经营。交给他门市的时候，所有的库存商品——价值人民币5万元左右，都一并交给了他，又在仰韶酒厂给他进了1000件仰韶瓷台酒——价值8万元，这些加起来共13万元左右。因为两个人关系好，他未付款也没有打条。我又考虑到他属于一个经营有方的人，内心并没有把风险考虑进来，总想要齐心协力先把公司做好。自己的账关起门好算，觉得他不会赖账。时间一长，我想着这么多钱，每天也有进账，可以慢慢地收回来一些了。

在多次要账未果的情况下，我要求他给我打个条子。当天下午打电话时，他同意先支付我一部分钱，我就去门市部找他。见面后他约我喝酒我没喝，他说了很多好话，让我放心，他绝不会赖账不还的，他现在需要这些周转，让我再宽限一段时间。

当时看到他说得那么诚恳，觉得他也挺不容易的，我就直接回家了。万万没想到，我前脚刚进家门，他从门市部出来过马路时，被一辆飞驰的小车直接撞死。我是第二天听到这个消息的，现在都记得我当时心里直打冷战，手控制不住地抖。一个离自己这么近的人怎么可能一下子就没了呢？

我赶紧跑到医院太平间去看他。看到他面目全非，我心里很不是滋味。他的妻子和孩子们都哭得不省人事。我从内心替他担忧，未来他的家人该怎么生活？没有了收入来源，这一家老少真让人发愁。当时我根本就没有考虑他欠我的账该怎么办，积极与他的亲戚朋友们一起安排他的后事。

等后事安排妥当之后，我来到了门市部打算清算一下库存商品及他的账务清单。到门市之后发现，门市部被他的妻子一扫而空，没有任何的东西了。我当时头都蒙了，立刻请他的至信朋友陈某去找他的妻子交涉，没有结果。

这个公司是检察院的劳动服务公司，马某是承包人。出现这样的结果，我也没办法跟检察院交代。

经过和朋友协商，我决定起诉马某妻子。她不但拉走了所有的商品，还拒不承认当时的欠款。最后，因一些账务当时没有打条，她不承认，只承认了打条的部分。

面对这样的结果，我也只能自认倒霉。

另外一个是曹某。他在村里办煤矿，找我借钱。当时我自己也没有钱，出于信任及好心帮忙，我在单位内部帮他借了22万元。他给我打了借条，并承诺一年还清。

　　我在借给他钱的时候，也去他的煤矿考察过。当时他的煤矿出煤状态很好，觉得他属于正常借款，就帮忙了。一年快过去了，煤矿的体制发生了变化，他与三门峡一家煤矿企业合资经营了。按道理说，企业规模扩大了，效益会更好，但是不幸的是，由于企业管理不善，他们起了内讧，反而没有单干时的生意好做。

　　企业的人虽然增多了，但操心的人少了，都觉得应该是对方多操心，出了问题都推给对方，斗来斗去的结果是煤矿停产了。停产之后，他们又开始相互找对方责任，要对方承担责任，开始无休无止地打官司。

　　我看到这样的结局，内心也担忧起给他的借款了。这时候才开始不停地找他要钱，毕竟这些钱不是我个人的，全是单位同事的。如果出事了，我怎么面对单位同事？

　　在要账的过程中，他先是态度很好，慢慢地双方都没有了耐心，经常因为要账争吵。曹某面对这样的结局，也很生气，没想到自己之前红红火火的生意因为和别人合作而落到如此下场。

　　我的要账电话他有时候也不接了，他越是不接我越是担心，没事就去找他。一年到期他依然没有钱还账，而且经常找不到人。

　　突然有一天，我听说他得了食管癌，在洛阳住院。我想大家都是好朋友，他因为做生意把自己弄成了这样，我该去看看他。我直接到洛阳医院去看望他，并宽慰他，钱都是身外之物，身体才是最重要的。

　　但是说这些话，对当时的他来说，只是起到安慰的作用，毕竟是癌症。看望了他，我心里既替他难过又为自己难过。当时信誓旦旦地找同事帮他借钱时，把这个人说得那么好，现在该怎么给同事交代呢？

　　思来想去，再怎么难堪也要去面对。事实上我最感觉难堪的，是没法给我的妻子交代。当初她极力阻止我去帮他借钱，我不听。现在出事了，我知道，以她温柔的性格是不会大吵大闹的，我最害怕的是她自己跟自己生闷气，那比和我吵一架还让我难受。曹某因为巨大的思想压力以及生病的折磨，住院两个月后就去世了。就这样我又多了22万元的债务。

依法经营劳动服务公司5年，给检察院缴了13.48万元，而我自己则赔了100多万元。家里的财产全部赔光，我还债务缠身。那时候家里两个女儿都已经成家，三女儿和小儿子在上学。

大女儿为了减轻我的负担，主动承担起三女儿的学费、生活费。三女儿在郑州上学，生活费用每个月都由大女儿供应。儿子在江西南昌上大学的费用也是大女儿供应。

大女儿的性格像我妻子，省吃俭用从不浪费。全家老少都知道家里的债务，没有人想着乱花钱，都想尽早还清债务。我从退休开始，用八年的时间还账。之前在渑池县县城以每平方米四千元的价格买的门面房，也被我处理掉用于还账。工作了一辈子，到退休时，只有债务，一套住房以及全家六口人。

隔行如隔山，虽然我在检察工作上是一把好手，但对商场不熟悉，对市场把握得不准。人各有所长，各有所短，哪能样样在行，行行精通？

虽然经济上遭受了损失，但让我大彻大悟：人，不怕跌倒，怕的是跌倒爬不起来；人，钱赔了不怕，怕的是把心给赔了，那才是最可怕的。

二十、留得青山在

把自己的人生得失、经验教训留给儿女们，供他们借鉴或汲取，使他们能把人生路走好，也算是提供一笔财富。这也是后来在与三女儿的谈话中得知的。小时候她经历过我们被要债时的难堪和去向别人要债的艰难，那时候以为孩子小不懂，实际上给他们的内心也带来触动。所以，在借款上，三女儿一直比较谨慎，在担保公司巨大的回报面前，她都没有动心，就是因为小时候见过这些个人借款的风险。

2001年，政策上有指示——53岁"一刀切"，全部退去，给单位减负。我第一个申请退休。按文件规定，退休的职务提一级，工资上调一级。提前退休满两年的人员工资上调二级，根据年份多少办，以次类推。

我离开工作岗位后，具体办理退休待遇时，组织部说县委书记去中央党校学习没法办理。等书记学习回来后，时间已超过，不能再办。但是，其他提前退的同志拿着文件到市里去找，都解决了。我没去，也不想去，钱多钱少，无所谓，不想再折腾，只想清清净净，安享晚年。

我是一个乐观的人，在后辈眼中是个开明的家长。每当春节时，家里来的亲戚多得都坐不下，那几天光招待就要三匹桌。特别是老家的亲戚，有的时候一天要走好几家亲戚，他们都喜欢把午饭安排到我家里。我喜欢喝酒，喜欢人多热闹，小辈们也能放得开，所以过年那几天家里就像庙会一样热闹。那几天我不但是做接待的，还是厨师！

从我小时候开始，正月初一早上起床的第一顿饭是炒凉粉汤。但那时候的工艺简单，能吃饱就不错了，现在的改良版凉粉汤就不一样了。别小看这凉粉汤，其工艺复杂程度不亚于包饺子。头一天下午就要开始准备食材，用红薯生粉慢慢熬，做成凉粉块。

熬的时候需要有一个人一直站在那里不停地用勺子搅，要不然会粘锅，煳了就没法吃了。不能太硬也不能太软，过去的红薯粉都比较纯正，基本都不用考虑买的真假，兑水比例不出错就不会出问题。

现在的红薯粉不行了，同样的比例有时硬有时软。紧接着要把豆腐在笼上蒸透，蒸完后再放室外自然冷冻。那时候家里没有冰箱，全靠自然冷冻，所以做豆腐这个活最少要提前三天。

冷冻后再拿到室内，等慢慢融化后，用热油开始炸。豆腐切成一片一片的，厚度大概一厘米。炸完后就成为过年所有菜的配菜了，泡上木耳、黄花菜、海带，切好肉丝，只等初一早上的美味了！

初一一大早孩子们起来放完鞭炮就跑到厨房，等着吃一年才能吃到一次的炒凉粉汤。我家里大小共六口人，用一口大锅一次做上一大锅，每个人都用平时嫌大的碗来盛饭。

热气腾腾的凉粉汤再配上辣椒油，汤上飘着一层红红的油。孩子们也不嫌烫嘴，一个个狼吞虎咽。

其实这一天，能吃到好几顿凉粉汤。早上在家吃一碗，然后带着全家老少去大姐家走亲戚，大姐早就准备好凉粉汤了，每个人必须喝上一碗才能走，要不然大姐会觉得没有招待好。吃完大姐家的凉粉汤就要去二姐家，到了二姐家，赶紧跟她说，已经吃过大姐家的凉粉汤了，但是说了也没有用，二姐一会儿工夫就做好了一锅。直到现在，二姐都八十多岁了，依然保持这个习惯。

只好撑着肚子继续吃，反正过年都是这样。吃过凉粉汤后不到一小时就中午了。二姐从我们进家门就没闲过，做完凉粉汤就开始包饺子了，中午12点准时下饺子。

每次吃的饺子都不知道是什么馅什么味，因为吃得实在是太撑了。但是不吃就是不行，必须把这些过程全部进行完，二姐才真的得空，大家才有时间坐在一起拉拉家常。

2014 年春节，与妻子（左）、二姐（中）合影

　　每次二姐都拉着妻子的手，慢慢孩子们长大了，就拉着孩子们的手，问长问短。就这样，初一的一天就是在这种不断地吃的过程中过完的。从初二开始就是不停地做饭、吃饭，一直持续到初五。

　　当然了，随着家庭条件的慢慢改变，每年过年都会去渑池县城照相馆照个全家福。去照相这天大家都自觉地把新年的新衣穿上，美美地去合个影，似乎年就是这样过来的。

二十一、六口之家

　　最让我快乐的是当时的六口之家了。我们在渑池县城里有自己的小院，家里的四个孩子都很健康。我这一辈子，到这个小院盖好住进来之前，我为了一个房子一个小家，前前后后盖了七次房，搬家无数次！

　　作为一个男人，我想给家里人带来安稳舒适的生活。但一个农村出来的孩子在县城里毫无根基，没有父母及兄弟的帮衬，想建个小家谈何

渑池县城的新家，与妻子（左）合影

容易呀! 最后一次搬家是因为检察院分配的房子在县招待所南院, 招待所要扩大规模, 就逼着搬家。无奈之下, 就在当时还比较偏僻的县城北区找了三分地, 盖了一个小院, 也是迄今为止唯一写着我们名字的房产。

这个院子是1987年盖好入住的。随着经济的不断发展, 没想到渑池县北区有个高速入口, 所有县政府的办公都搬到了北区, 我的那个小院一带成了一个黄金地段。

原本想着, 自己此生有这一个小院就心满意足了。但是随着年龄的增长, 开始有了叶落归根的想法。我强烈地想在老家小寨沟建个小院, 就把之前的那个院给五弟了。于是在2013年, 我只身从郑州回到小寨沟又开始了我的建房工程。

现在这个小院虽然不大, 但是被我和爱人整理得就像一个农家小院。院内种着花, 院门口种着菜, 是真正的纯天然蔬菜。每到节假日, 孩子们便又多了一个出游的地方, 因为小寨沟本来就是一个风景很好的地方。

吃着天然的蔬菜、纯手工面条, 晚上熬上一锅玉米糁糊糊, 烙上几个葱花饼, 别提有多舒心了。

二十二、余晖仍灿烂

退休后, 为了发挥余热, 我组建了一个法律服务所。外界听说我组建了法律服务所后, 纷纷上门请求我给他们查办案件。把材料梳理后, 我选择了一个影响较大的事件, 准备办理。

这个事件是: 渑池县城解放大街扩街, 房被扒了八年盖不成, 影响市容面貌。政府法制办下发一个通知, 将房主的房屋所有权给剥夺了, 房主及其代理人不愿意, 要求讨回公道。我通过上下协调, 使政府法制办撤销了通知, 恢复了本来面貌, 政府对此极为不满。

　　不久，儿女们在郑州办了一个印刷企业，请我去协助管理人事方面的工作。我借机放弃了法律服务所的工作，去了郑州。

　　儿女们安排我负责人事管理和后勤工作。自己的企业，哪里有事我都管，哪里有活我都干。

　　记得公司刚成立时，只有五六个人，一条生产线。只要有活，所有人都轮着干，不分白天黑夜。那时候企业虽小，但看到他们那么年轻，那么有激情，为了事业而奋斗，我内心非常高兴。

　　白天大家忙忙碌碌到处跑着接业务，接到订单后高高兴兴地拿回来干。虽然人少，但每个人都把工作当成自己的事情，都觉得这是实现梦想的时候。看到他们这样，作为老同志的我也积极参与其中。

　　随着企业的发展，规模逐渐扩大，事业逐渐走上了规模化、正规化。我给厂里制定了一整套厂规，力求规范化，使工人有规可遵。一时间厂里各部门运转十分顺利，经济效益蒸蒸日上。

　　厂里虽然人少，但各种事情不少。除了工作，还需要吃喝拉撒。刚开始是租用的厂房，一个车间，一个办公室。办公室里有一个小房间，我和妻子就在那里住，顺便管理厂里的安全问题。

　　记得那年该过年了，工人们都急着回家过年，厂里也需要有人值班。当时我们全家商量一下，我和妻子在哪里，两个孩子就在哪里过年。于是那年我们四个人就在厂里过的年。

　　办公室里有一个大大的老板桌，两个孩子把桌子一拼就是一个大床。为了让房子暖和起来，我们生了个小火炉。

　　那年过年虽然年味少了一点，但一家人能团聚在一起过年，比什么都重要。两个孩子也都有吃苦的精神，都觉得很好。

　　事实上，在这个企业里，我是主心骨一样存在着。无论是谁遇到什么困难，首先都会来找我。这个企业的法人代表是三女儿史颜平，她想方设法筹集注册资金成立的公司。

　　三女儿的性格及长相都像我，大胆泼辣，风风火火。她的办事风格，我也会经常观察。作为父亲，有时候怕她吃亏上当受骗。

有时候说多了，她也不听。我们也会经常因为工作上的事情吵架。更有我为难的事情，比如儿子也在这个企业里工作，他们姐弟之间闹矛盾时，是我最为难的时候。

每个人的性格不同，做事方式也会不同。家长爱自己的孩子，无论他是什么性格的。但当姐弟二人在工作中吵闹时，我也无计可施。工作毕竟是工作，亲情毕竟是亲情。刚开始我只能静观其变，看他们如何去处理这些工作矛盾，我也不能总以家长的方式去干预工作矛盾呀。庆幸的是，大家当时的心都是齐的，吵架之后该工作还工作，但是该争吵还争吵。时间长了，我也就放心了。他们虽然年轻，但他们已经懂得了很多。

这姐弟俩，从小就是这样相依为命的。那时候因为大儿子的事情还没发生，我想，这一辈子就是三个孩子，一儿两女。因为大儿子出事就生了三女儿和小儿子，他们俩之间只相差一岁。

从小，三女儿就带着弟弟一起玩一起上学，直到长大，现在工作又在一起。来郑州工作后，小儿子结识了女朋友，也是我的儿媳妇。儿媳妇是周口人，长得漂亮，嘴巴也甜。我和妻子觉得，只要儿子满意，我们没有任何意见。

大胆创业，小心经营，舍得投资，又不浪费，精打细算才是办企业的根本。我把厂里所有能利用的废物一一归类安放保管，用着时都发挥了作用，节省了开支。开源节流是经验，绝不可小视。

我利用包装的废木料给工人搭建了放自行车的车棚，既实用又干净。

我再三告诫儿女们，要把产品质量搞上去。质量是企业生存的前提，信誉是市场的通行证。随着产品质量的提高，信誉的扩大，企业的发展日新月异。现在注册资金已逾千万，在郑州市也颇有影响力。

在厂里待了一年多，儿子与儿媳就结婚了。那时的条件也不好，所有人都在奋斗，我也没有足够的能力为儿子置办房产。好在孩子们都想通过自己的努力获得这一切。结婚一年后他们生下了我的小孙子。

2004年农历十一月初一，孙子史磊降生。因为儿媳的身体原因，孙子没有吃过一天奶，全靠吃奶粉。我媳妇又踏上了带孩子的路。从孙子生下来的那一天开始，她就精心调理，一天喂多次奶粉，晚上搂着睡，如同又生了一个孩子。

2005 年 5 月，孙子史磊半岁时留影

也是这个孙子的到来，让我的妻子再次变得精神焕发。她所有的精力都用在了孙子史磊身上，什么时候会说的话，什么时候会走的路，她是第一个知道的。孩子生病了她焦虑万分，孩子高兴了她也精神百倍。

照看孙子很累，但也给她带来了活力与希望。这个过程中，儿子儿媳也全身心地投入工作中，一家人其乐融融。一直照顾孙子到5岁，媳妇变成了满头银发，与孙子的感情非同一般。

郑州市这十几年发展得较快，我们原来的厂房在索凌路（现普罗旺世院内）。经过三次搬家后，终于在荥阳市广武镇盖了三栋大车间。厂区占地10余亩，各项手续齐全，目前整个企业前景十分好。

现在的企业我已经完全不再操心了。儿孙自有儿孙命，况且在我眼里他们已然很优秀，可以独当一面了，不再是需要我照顾及呵护的孩子了，他们真的长大了。

21世纪初，五弟史群学当上了小寨沟组的小组长。他决心带领群众修路，反复发动群众，讲修路的好处。

毛主席说，人民，只有人民，才是创造世界历史的动力。人民是真正的英雄。思想工作一做通，村民们潜藏的动力就像火山一样爆发了。大家出主意，想办法，最后敲定了方案。

我们想方设法筹集资金：接收山里的人来村安家落户缴一点，申请银行贷一点，申请政府帮一点。

说干就干，人心齐，泰山移。我们挖悬崖，填深沟，经过四个多月的拼搏努力，2009年，从裴窑水库至小寨沟村修成了一条宽5米、长1600米的土公路。2010年全部硬化。2011年在渑池县水利局的支持下，在裴窑水库溢洪道上架起一座宽4米、长35米的大桥，减少了坡度，提高了道路质量，极大方便了群众出行。

2016年10月，五弟带领大家将乡村土公路全部硬化，同时将村内各街道都变成了水泥路。

现在小寨沟道路四通八达，大卡车开进村了，联合收割拖拉机开过来了。家家户户都配备了四轮拖拉机、运输机。土地全部机耕、机种、机收，大大提高了生产效率，增加了农民收入。加上科学种田，品种优良，化肥高效优质，天旱时可浇水，农民人定胜天的理想实现了。现在亩产吨粮以上，群众欢欣鼓舞，拍手称快。

经济上富裕了，部分家庭在县城买了房子，落户在城市，都变成了亦工亦农人士。他们农闲务工，农忙务农，劳动强度减轻了，心情舒畅了，文化素质提高了。

现在村里的大专生不计其数，本科生、研究生有好几个，还有一个孙子史泽峰正在中科院读博士。人们寿命也增加了，五哥90岁病故，六哥87岁病故，七哥87岁病故。八哥现年85岁，九哥84岁，十哥83岁，我现年74岁，两个弟弟分别68岁、65岁，算个高寿家庭村吧。

现在的小寨沟是一个旅游景区了。村子特殊的地理位置及小溪边的树林，是城里人休闲、度假、烧烤的一个好去处。

一到周末树林里全是人，也有一些戏友拉着二胡拉着弦高唱一出。村里有一个80岁的老人也因此找到了商机：在树林入口处拉了一根绳子，圈了一个停车场。过去一个在地图上都找不到的地方，现在全县人民都知道了。

一到秋天，满村的柿子树全都红了。家家户户都有几棵甚至十几棵柿子树，满树的柿子经常把树枝压得抬不起头。村里人来不及收柿子，就让它自动落地，便宜了乌鸦。

沟的旁边一到秋天全是野枣。红红的枣，酸酸的，甜甜的，非常好吃。除了野枣还有花椒树，大老远都能闻到花椒那种特别的味道，令人瞬间食欲大增。除了冬天，其他季节来到这里，绝对都会有收获，到处是野味、果实。

这里也是每到节假日全家必去的地方。

工作之余，在县城遇到一个父亲打儿子的事件。一个60多岁的老人，名叫曲木升，有五个儿子，老三很不孝顺，还制造兄弟之间矛盾，甚至还动刀子恶斗，气得奶奶（80岁）上吊身亡。曲是孝子，对此痛不欲生。

这一天老三娃又来家闹事。曲恼羞成怒，让老四、老五二人协助，把老三娃用绳子捆住，狠狠地痛打一顿。致老三娃浑身疼痛，卧床不起。老三媳妇去给大队支书木易学报告，要求处理此事。

支书说："叫老三、老四媳妇去叫各自娘家人来说事。"

支书正好碰见我。当曲、木把情况说完，我说："你说的方法不行，各自娘家人来，只能让矛盾激化，解决不了实质问题。要解决实质问题，打人者和协助打人者，必须登门赔礼道歉方能解决问题，否则矛盾越闹越大，不可收拾。挨打人觉得，不为馍不熟，只为气不圆，你给他赔礼道歉，他的气圆了，气消了，矛盾就消失了。"

叫老四去道歉，他不去。我说你必须去，道理说明白后，他答应去。我说："你就说，我协助父亲打你，我错了，想不到把你打得恁重，我很后悔，对不起你。三哥，这两天看家有啥事我帮助你干。"老四照我说的去做，三哥说没啥事。"曲你也得去给老三娃道歉。""我要去给他道歉，何必要打他呢？"我说："打已经打了，气仍然没出嘛，你去道歉的目的是彻底把气出完。你去道歉不是目的，借着道歉批评教育老三才是真正的目的。"曲也同意去道歉了。"你就说，那天把你捆住打得太狠了，虽然打在你的身上，但也疼在我的心上，毕竟你是我儿子嘛。打得你浑身疼痛，行动不便，我对不起你孩子，特向你道歉。但我为什么要打你，把打的理由全部说出来，所造成的严重后果，你想打你亏不亏。这样你的气也出了，理由也表述出来了。"挨打人听后反思说，虽然被打，自己的行为也有错，各方的气都消了。这样一来，矛盾消除了，目的达到了，挨打人得到了道歉气消了，打人者心里的气也全消了。一家人还是一家人，还是父子关系。最后木易学说："你不愧是检察官，处理问题，办法真灵。"

这件事得出的结论是：无论多大的事，要冷处理，不能热处理。热处理不但解决不了实质问题，还会酿成更大的麻烦。

在检察院工作，必须始终坚持爱岗敬业。把检察院工作视为神圣职业，不能马虎敷衍，要认真负责。如果不负责任，一是会造成冤案，二是放纵犯罪，后果十分严重。所以要按照法律章节，一字一句认真阅读，深刻理解，真正领会刑罚的核心内涵和指导思想。在检察部门和院党组的领导下，为社会稳定、经济发展，人民安居乐业、生活奔小康而努力工作、认真工作，为维护检察工作的公平正义，树立群众威信做不懈努力。

要把检察工作干好，靠个别人是难以实现的，必须上下左右齐心协力，才能实现。首先，团结同志，谦虚谨慎，戒骄戒躁；其次，和睦相处，互通有无；最后，遇到问题，共同协商，沟通要求大同存小异，处理好重大疑难问题。

要勤思善学，提高个人侦查水平，提高办案质量，理论联系实际。维护公平正义，维护人民群众的合法权益，这才是我追求的目标。

政治上始终与党中央保持一致，拥护党的领导，遵守党的各项方针政策。始终坚持在上级检察机关和院党组的领导下开展工作；始终坚持与人民群众血肉与共、鱼水相依的友好关系；始终坚持法律面前人人平等的公平正义法律观念。

我从检二十余年,参与办理刑事、经济案件二百余起,涉案人员三百余人,挽回经济损失一百余万元。打击了犯罪,教育了群众,收到了较好的社会效果,深得群众的好评,被誉为"办案能手老干探"。

在1990年度的全市政法系统"学雷锋,争当人民好卫士,争当优秀政法工作者"活动中,我成绩显著,被评为"优秀政法工作者"。我做了什么,群众看在眼里,记在心里。

我严格自律,拒收贿赂。县化肥厂副厂长,因经济问题被拘留后,其妻给我送了2000元。第二天上午,我将2000元通过武文林、杨红岩,退还给副厂长之妻。

年终总结评比时,我被誉为"拒贿赂永不沾",出席了县委县政府先进工作者表彰大会。此类情况有多次,不一一列举。

我年龄大点,对年轻人采用传、帮、带的方法,共同办案的年轻人进步较快,一年内形成办案风格。我帮出效果,带出办案强手。如赵荣同志,在短暂的一年多时间内,通过传、帮、带,加上个人努力,成为院办案强手,年终曾受到市委市政府的表彰嘉奖,后被提拔为副检察长。三年后,被任命为卢氏县检察院检察长,后调到湖滨区检察院任检察长。其他几位同志,陈福章、李红军等,成为院骨干力量,分别担任院党组成

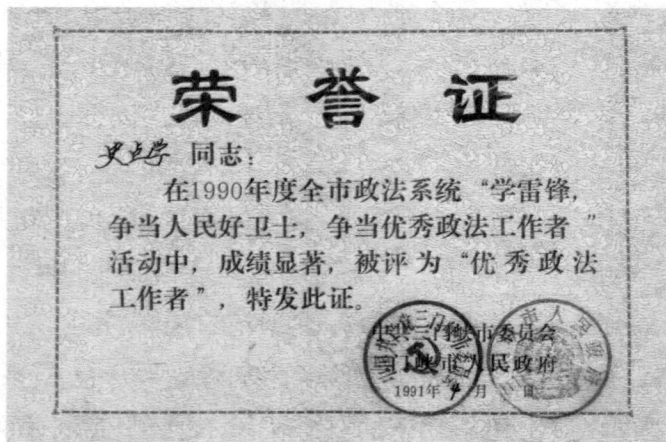

"优秀政法工作者"荣誉证书

员，享受正科级待遇。在起诉科，我和科长杨红岩搭档，两人配合默契。我不以老同志自居，遇事相互配合，相互关心，相互支持。通过近一年时间的搭档，我们共心、交心、开心。我们科室的工作在院里属先进科室，受到院里嘉奖鼓励，同志们欢欣鼓舞，拍手叫好。

我工作喜欢勇挑重担，疑难案件争着办，不畏艰难，克服困难，勇往直前。年终总结评比时，案件总数遥遥领先，案件质量属上等，没有办理一起冤假错案。案案发表公诉词，起到了宣传法制、教育群众之目的。

群众赞扬我办案速度快，质量高，数量多，方法灵活。犯罪嫌疑人心服口服，认罪服法。如渑池县城薛某（犯流氓罪）说："老史办案是政策攻心，政策讲够，法律讲透，让人心服口服。给我的判决，我不上诉，到劳改场所悔罪，争取减刑，早日回来为社会发挥聪明才智，尽到社会一分子的责任。"

回忆一生所走过的路，是非常坎坷的。虽受到诬告、排挤、陷害，我还是承受住压力，度过来了。坏事变成了好事，一步一个台阶，步步向上。工作诚心，政治进步；家庭舒心，自有房产，儿女双全；生活顺心，老伴相伴，儿女孝顺；心里安定，收入固定，儿女事业有成，值得！

终生以独特的方式、与众不同的心态生活。取得骄人的业绩，获得崇高的评价。拥有安详的晚年生活，使人赞赏。

二十三、欢度晚年

最美不过夕阳红，说的就是我如今的生活。

现在我们家庭生活很好，儿女们团结一心，为我们的长寿欢欣鼓舞，年年生日庆贺，五年一小庆，十年一大庆。2013年70岁大寿时，儿女们花了二万五千余元，亲朋好友亲临祝贺，不设礼桌，不收礼，气氛热烈

70 岁寿宴上，儿媳尚金玲（左）点生日蜡烛

祥和，参加人员赞赏儿女们的孝顺。二女儿史艳红满怀感情地唱了一首《父亲》，现场所有人听得泪流满面。

二女儿是歌唱爱好者。当年考豫西师范音乐系，在全县排名第二，但在文化课考试的时候，因成绩不理想没有被录取，但她一直保留着爱唱歌的习惯。家里有任何活动，包括每年的生日聚会，她都是现场表演。二女儿是家里孩子中性格最外向的，特别是我退休后，家里的活动聚会都是二女儿积极筹办的。有时候，家里人之间因为小事情闹矛盾了，也是二女儿负责出面协调。这也养成了一个习惯，大家有矛盾都找她解决。

该放手时就放手。随着儿女们管理水平日臻成熟，我决定回归故里欢度晚年。

看看书，和乡亲们聊聊天，其乐融融，其趣陶陶。早上醒来，躺在床上，听听鸟鸣，听听鸡叫，何其乐哉！

下雨天，听听雨声。看看绿肥红瘦，望望绿油油的田野。然后拔几棵肥嘟嘟的时鲜嫩菜，和老伴一起做饭，尽享厮守之乐。

　　天朗气清时，骑着车，带上老伴到山坡野岭上散步，去游春，去赏秋；去看高山流云，小溪绿波；去采摘山果野花。这真是闲云野鹤夕阳红。

　　不时有好朋故友来访，喝壶茶，饮杯酒，酸也乐，醉也乐，你也乐，我也乐。这真是有朋自远方来，不亦乐乎？

　　人生莫过于此，白头偕老，儿孙绕膝。一个儿子三个女儿，一个孙子一个孙女，人生复何求！

　　闲卧听风雨，兴来访山水。夕阳无限好，白头共逍遥！

附录

工作篇："办案老干探"是怎样炼成的

李曼曼

被采访人：史学点
采访时间：2017年10月13日

➤ 一条鱼的故事

1985年，渑池县纪委向检察院提交了一个"打击经济犯罪"的案件。检察院派我去办理这个案件，这是跟渑池县粮食局仁村粮管所有关的一个贪污案件。经过仔细排查，发现确有此事，目标最终落在了粮管所议价门市负责人张某身上。

在询问的过程中，我发现，这个案件牵扯的还有其他的人。如果他老实交代的话，牵扯的人太多了；但是如果他不老实交代的话，自己就要进监狱；如果寻短见，儿女年幼，妻子艰难。

所以那时候，他的压力特别大。

我发现了他的压力。从那往后，我告诉我的同事："咱们要跟这个人同吃同住。"

当时大家还不太理解，为啥要跟一个嫌疑人同吃同住呢？

我告诉同事们："他的压力过于大。如果我们不好好对待他，掌握他的情绪，他有可能在我们审理案件的过程中自杀。那样我们案件也没有办成，对他不负责任，更会对社会造成极大的恶劣影响。"

他的精神压力仍在持续中。每天都不说话，即使我们都陪着他，照顾着他，他也纹丝不动。审理案件的过程中，他拒绝回答问题，每天都是一副心事重重的样子。

我得想办法。

有一天，我兴致来了，对大伙儿说："走吧。今天天气很不错，我们去仁村水库去弄条鱼做下酒菜吧。"

那天，我们也叫上他一起前往。

路上他跟我说："什么工具都没有带，怎么弄鱼呢？凭空可以抓鱼吗？"

看着他好奇的眼神，我和我的同事都笑了。

同事更是笑着告诉他："老史这个人，想要什么就会有什么，犹有天助。你一会儿看吧。"

那天还真的是天助力于我。我让他和同事们站在水库上面等我，我自己跑到了水库边儿上去"等"鱼。神奇的是，我在那里站了不到一分钟，就有一条鱼蹦到了岸边，我抓着那条鱼往上一扔，就扔到了岸上。

至今想起来这个事情，都觉得挺神奇的。或许是上天也要帮助我和他，赶紧了结此案吧。

回去后，我们做了饭。大家开始一起喝酒，吃鱼，聊天，聊到了深夜。回到粮管所，我和我同事已经睡着了，他却翻来覆去地睡不着了。

他开始回想今天的事情，觉得越想越神奇，越想就越是睡不着觉，像是我真的有特异功能。

到了凌晨一点，他还是睡不着，就把我们叫起来了。从那一刻起，他开始跟我们交代一切，交代得特别清楚。

我也想尽一切办法，把事情处理到对他的伤害最小。法律讲究"坦白从宽，抗拒从严"。这个案件最终的处理结果是不予立案，由他牵头，追回所有赃款。

后来，他免去了牢狱之灾。他现在80岁了，已经退休20年了，每年的养老金三万余元。关于这个事情，他很感谢我，每次见到我都会提起这个案件。如果当时他不交代，最终的结果可能是坐牢。而那些跟他同伙的人，可能还会继续贪污，用这样的方式给他们惩戒以及适度的宽容，让他们一生都以此为戒，为民服务，不再作乱。

那条鱼改变了他的人生，所以直到现在他依然很感激我。

→ 割麦子的年轻人

这个案件跟一个年轻人有关系。他年龄也不小了，别人刚刚给他说了个媳妇儿，他正打算奔向新的生活。

但是一个诬陷的案件，让他陷入了噩梦，人财两空。

事情是这样的：那天他去信用社取了800元（这在当时是一个不小的数目），过了没多久，公安局人员来找他，说村里有个女的丢了800元，认定这800元是被他偷走了。

女的去告他，他说女的是诬陷。这个案件就由公安机关上报到了检察院。

这个案件是我来处理的。

按照常人的思维，女性一般都是被保护的、同情的一方。她可怜兮兮地把事情交代完毕，几乎所有的人都相信这个年轻人偷了这个女的800元。

在舆论一边倒的情况下，这个年轻人的对象也跟他提出来分手了，婚也没有结成。他当时的心情一定是十分灰暗的。

我认真研究了这个案件，最终觉得构不成案件。

我给他们分析：被告人说自己的钱是在信用社取出来的，而这个女人的钱来源于何方？

这个年轻人有这么多钱可取，自有自己的收入来源。我让他一一讲清楚。

而这个女的收入来自何方，她是否可以讲得清楚？

她讲不清楚，证明她是诬告的一方。

最后，我跟检察长一起到了公安局，给他们说明其间真伪。局长和检察长一致认为，我的意见是正确的。

最后，钱还给了这个年轻人，而这个案件也没有构成案件。年轻人也被无罪释放了，他的名誉得到了恢复。这对他来说是个振奋人心的好消息，更成为影响他一生的一件大事。

那时候，正值盛夏，麦田里的麦子已经成熟了。我办理好案件，打算凑着休息的时间回到家中割麦子。当我走到村口我家田地的时候，才发现我们家田地的麦子早已经被收割完毕，整整齐齐地摆放在田地里面。

周围的群众告诉我，是一个年轻人来收割的。

后来，我们再也没有见过面。但是那个夏天，那个割麦子的年轻人给我留下了深刻的印象。

采访手记：朋友们眼中的史点学

李曼曼

采访时间：2017年10月13日

三门峡市检察院副检察长杨红岩：
他的故事，会给青年人带来很多正能量

我与老史是忘年交。我们在一起工作了两年的时间，虽然时间不长，但是他给我留下了深刻的印象。

当他告诉我，他想要写这本书的时候，我从内心深处很佩服他。因为到了他这个年龄的人，工作了一辈子，本该安享晚年，而他还能"重新出发"，写出这么长的故事，去总结自己的人生。

也正是如此，才是他——他的性格中总有一种敢为人先的魄力和勇气，有着不断开拓进取的精神。

我们的故事从1992年开始。我当时20多岁，还是个青年。他有50岁左右，在检察院系统已经做出了很多的成绩，而且是一个在政治上非常坚定的人。作为一名共产党员，他在自己的岗位上勇挑重担，在执行党的政策上很积极。

老史以前做过会计，计算与梳理的能力很强。所以他办起经济类的案件得心应手，很容易就做出成绩，长期以来都是经济侦查科的业务骨干。

1985年，检察院成立了刑事检察科。1989年，这个科室被分成两个科：审查批捕科和审查起诉科。

1992年，我在审查起诉科任科长，老史被调到这个科室任副科长。他是检察院的老一辈业务骨干、资深前辈，现在从经济类案件转到刑事类案件，他能

否适应呢?

刚开始, 我也很担心他。

但是, 很快我就打消了疑虑, 他比我想象的适应得快多了。

虽然是老同志, 但是他在工作态度上完全不以自己是老同志自居, 做人十分低调踏实。如果他有搞不清楚的案件案情, 都会主动地悉心问我。这个科室主要处理刑事案件, 很忙。但是只要需要他, 他都会第一时间出现在案发现场, 去处理案件。

很快地, 他适应了刑事类案件的工作模式, 熟悉了工作内容。他的思维模式也很清晰, 所以办理案件越来越高效, 他又成了这个科室的业务骨干。

性格豪爽的他是一个以单位为家的人, 把单位的事情看得比较重。正因为一直保有这样的初心, 所以在工作中, 他都敢于提出自己的观点和想法, 敢于发表自己的言论。只要是有利于工作、有利于单位的, 他就会仗义执言。

所以, 在我们一起工作的两年里, 一直配合得特别默契。他帮我分担了很多的工作, 也给那时候的我们树立了很好的榜样, 自然我们的科室也取得了很多成绩。

我也曾经给《检察日报》投过关于他的事迹的文章。从他的个人品质、工作态度、业务能力、办案方法等方面去写他, 希望更多的检察官能够从他身上学到作为一名共产党员, 永远"不忘初心, 砥砺前行"的精神, 充分发挥一名共产党员的光和热, 心中永远装着正义与人民。

后来检察院又成立了一个机关服务中心。当时派他去主管负责这块儿工作, 这在别人看来是巨大的挑战, 他却没有任何的退缩, 义无反顾接受了工作安排。

他是一个可以随时重新出发的人, 而且适应能力和执行力非常强, 工作不打折扣。只要是接到工作, 他就一定会在最短的时间内, 给上级一个最好的交代, 办得非常出色。

老史的故事, 很精彩, 很吸引人。这里面更有他的人生经验与价值观, 我相信他的儿女们会从中受益匪浅, 也相信, 他的这种正能量可以影响更多的年轻人，让更多的年轻人可以回归主流，在平凡的岗位上，在平凡的人生中，坚守与坚持，就一定会迎来平凡中的"璀璨"。

渑池县粮食局王金玉：
两个案件让我们成了挚友

我今年65岁，和老史第一次见面是在1984年，算算也有30多个春秋了。从青春壮年，走到人生暮年，从不接纳这个人，到认可他，再到跟他成为挚友，我们一同走过了这样三个阶段，也共同影响和照亮过彼此的人生。

1984年的时候，我还在渑池县的粮食部门工作，是仓库保管员。他来我们这里办案，就是上文中提到的"一条鱼的故事"里面那个案件。那次牵扯到我们当时的所长和会计，让我协助老史一起做工作。

刚开始，我有一种抵触的情绪。一是因为对检察院人员的偏见，觉得他们应该都是特别厉害，不好接触，甚至有点横眉冷对的感觉；二是因为他要查我们的领导和同事，当时情况有点复杂，我内心深处是很排斥这个事情的。

但是，通过跟他的接触，看到他办案时候心平气和、公平公正的态度，我才发现，原来检察院的工作人员并不尽如我们想象的那样，还有老史这样的检察官，我才逐渐地改变了对他的态度，以及对这个案件的态度，那种内心深处的抵触情绪也逐渐消失了。

通过第一次接触，我觉得他办事是公平的、实事求是的。他调查、访问、记录，非常认真。最后这个案件办理完了，所有人都比较满意。

我第一次从一个检察官身上，感受到的不是冷酷无情，而是充满了人情味儿，并且他还是一个颇有感情的人。一个案件结束，并没有结束我们之间的友谊。

人生如戏，我第二次接触到他，是我个人的问题。在经济浪潮上，查到了渑池县义马矿务局陈村乡煤矿食堂，当时我是煤矿门市部的事务负责人。陈村煤矿食堂管理员在账务上有点混乱，造成十几万斤的面粉对不住数。2000多人的一个厂，粮食去了哪儿他们也不知道，十几万斤不是一个小数目，造成了食堂严重亏空。老史是高手，通过多方面的调查、取证，查了个水落石出。我个人也协助他们把这个事情搞清楚了。

那个案件之后，我们没事就在一起聚聚，喝喝小酒。我进一步地认识了他，不只是办案的时候雷厉风行，事无巨细，还有另外的一面——他非常热爱生活，并且很风趣。有时候我们在一起喝酒，喝着喝着喝醉了，他就会给大家唱个河南地方戏，他是一个多才多艺的人。

这么多年过去了，老史有变化，但是变化并不大。虽然头发白了，但是在我们内心深处都还是当年那个人，内心的信仰没有变。

以前大家工作的时候，都很忙，能自由自在凑在一起的时间其实并不多。他们检察院的工作忙碌，而且没有定时。有时候天还不亮，有案件了他就得赶路；有时候到了夜里很晚了依然奔波在路上，或者在办案中；有时候我们好不容易聚在一起吃个午饭，他临时有案件，不得不赶紧吃上几口饭就去忙了……

现在，我们都退休了，想聚在一起更加容易了。以前出于工作的关系，有些事情不能随便说，现在大家都随心了，开开心心地讲述过去的事情，充满希望地去憧憬一下未来。

三十年匆匆而过，能留下的人和事不多。但我能肯定的是，老史照亮过我的天空。

下一个十年，我们会更加快乐地过。

➡ 渑池县一高教师李树云：
中年的我们在大街上偶遇，瞬间都认出了彼此

我和老史是在初中的时候认识的。那时候我们的家离学校都很远，所以周一到周五都住在学校里面。

初中时代，每到周日我都提着一周所用的东西，跋涉几十公里跑到学校，开始我一周的生活。那时候，大多数同学都是这样。

我们的宿舍很简单，不像现在都有床铺。我们用割的草把房间铺满，各自的被子褥子搭在上面，就成了每个人的床铺。

我和老史都特别热爱篮球。每次课间休息，或者放学之后，我们都会去操场打一会儿球。这样，我们就慢慢熟悉了起来。我们有共同的爱好，又有相同的理想，那时候的我们过得简单而开心。

我还记得，有次老史组织了一场户外活动，一起去学校后面的林子里面摘柿子。那次去了许多同学，我够不着柿子的时候，老史还来帮助我。他拖着我上去，我才摘到了又香又甜的柿子，完成了任务。

我们本该天真无邪的青春时代，却因为一场突如其来的事故被打破了。

有天早上，宿舍一个同学的粮票丢了。但是装粮票的包在老史的床铺下面被翻到了，所以丢粮票的同学就认定他偷了自己的粮票，并去老师那里告了状。

班主任没有经验，听信了这位同学如此简单的推论，也一口咬定老史偷了粮票。

但是老史不承认。没偷过就是没偷过，这事关他一个男子汉的尊严，他不愿意低头。

班主任就开始在班里组织了一场针对他的批判大会。几乎所有的同学都开始批判他，全校的学生也都围成一团看着这场批判大会……其实，批判大会并没有结束，这样的噩梦持续了一个星期。

老史最终退学了。

他实在忍受不了这样的屈辱。这样的老师和学校深深地伤害了一个少年的心，毁掉了一个孩子。

过了一段时间，学校和班主任才把这个事情真正弄清楚。事实上，这张粮票是另外一个同学偷的，偷了粮票后，他把装粮票的包放在了老史的枕头下面，才造成了所有人的误解。

班主任认识到了自己的错误，就去他的家里说服他返校，同时也承认了自己给他造成的伤害。但是老史当时已是铁了心要退学了，谁劝他都已经没用了。

就这样，我们从那时候失散了。

后来，我一直很想念他。课余时再也没有人陪我打球了，户外活动再也没有他陪着我，帮助我了。

几十年过去了，我在渑池县的教育一线工作了很多年，他也在渑池县的检察院系统干了很多年，但是我们没有任何的交集。

有一天中午，我们两个在街上偶遇，瞬间就认出了彼此。中年人的沧桑与鬓角的雪白改变了我们年少的模样，但是内心有些坚持一直没有变。这大概就是，即使此去经年，我们也能瞬间认出彼此的原因吧。

他这个人，在工作中兢兢业业，做人做事也很耿直，这么多年来都是两袖清风。有次他遇到了困难，向我借钱，这让我挺不可思议的。他在一个那样的岗位上居然还会没钱？因为他实在是太清廉了，是我见过的最清廉的国家干部。

即使现在他要出书了，这钱都是做企业的女儿帮他付的。这么多年，他都是以做好工作为主，没有什么歪心思，更不会去挣工作之外不该挣的钱，不然他会觉得良心上过不去。

这也是好事。他是个不忘初心的人，和当年在初中时候认识的他一样，没有改变。

我们这一代的人，都有一种吃苦耐劳的精神和一种公正廉洁的品格，这可能是时代塑造的吧。他的事迹对于现在的年轻人来说，充满了正能量，值得去学习。

他说要出书了，我很开心。给他帮忙做了整理，也帮他写了序言。

以前我们都很忙，现在都退休了，在一起聚的时间更多一些，所以我们交往得很好。有时候睡在一起，想起当年睡在草上的宿舍，然后一起扯过去的事情，讲述这一生的酸甜苦辣，不知不觉天都亮了。

他这一生遇到很多挫折，但是都扛过来了。我也是，我们的压力来自工作、家庭的方方面面，但是都乐观地解决了。

他和老伴的感情，也很令人感动和羡慕。现在即使离得很远也要时不时地通电话，三言两语，那份关怀和爱护溢于言表。他们共同走过艰难岁月，相互扶持，不离不弃，有妻如此，夫复何求？

如今我们都家庭和美，没事的时候我们一起喝酒聊天，嬉笑怒骂，笑谈往事。

男人至死是少年，我们对于生活，依然充满憧憬与期待。如今我们俩，都在用文字去记录以往的事情，往事并不如风，我们要记之，并继之。

渑池县纪检委李建民：
老史办案就像抽丝剥茧，能让被告人崩溃

我跟老史认识27年了。

我20岁那年，开始经常跟着老史一起出去办案。那时候，是我们高密度合作的几年，也是我成长最快的几年，塑造了我严肃认真的职业习惯和从业态度。我们在一起办了很多很精彩的案件，回首那段岁月，真可称得上是峥嵘岁月。

老史这个人，初看他，你会觉得他是一个特别和蔼可亲、特别和气的人。实际上，他这个人是外柔内刚型的，他在处理案件的时候就体现出来那份刚硬和执着了。他会孜孜不倦地去分析案情，用抽丝剥茧的态度审查。一旦他确立了一个目标，就会想办法把这个案件破解，把工作做到完美。

那么多高难度的案件，我印象比较深刻的是1990年秋季的"渑池县化肥厂的投机倒把案"，造成损失20多万（我们当时每月的工资才几十块钱，20多万在当时是个不小的数目）。由于当时厂里管理上的疏忽，让山东省的一个投机倒把者从渑池县的化肥厂拉走了两车皮的化肥，没有付款，最终逃之夭夭。这是当年渑池县的第一大案。

我是和老史一起去办理的这个案件。在调查完渑池县化肥厂的各项问题之后，我们赶往山东，找到了被告人的家。

我们势单力薄，又是在外地。但是老史很有信心。

那段时间，我俩都很辛苦，住在旅馆，每天都是忙到十一二点都还睡不成觉。我们也都知道，这样的案件处理起来很劳心劳力。当时类似于这样的案件在我们村也有一起：一个村民，从湖北的化肥厂拉走了两车皮的化肥，最后湖北的公检法都来了，这个事情没有处理完，最后不了了之。那个时代，地方保护很严重。所以那次去山东办案对我们来说是一个很大的挑战。

那段时间，我们多次到他家。首先跟他进行深入的思想工作，以法律和事实为依据去说服他，告诉他："只要你把钱还回来就可以从轻发落。"但是他从来没有行动。我们就跟他讲情义，讲他在渑池县化肥厂与那里厂长的交情，因为他的欠款，对方可能有牢狱之灾，如果以后再有交集，是非常难堪的。

软硬兼施，他最终有点迟疑和徘徊了。

我们似乎看到一线希望。当天，我们拉着他一起出去吃饭，喝了很多酒。他们山东那边喝酒都是用大杯子一口就喝完了，很豪爽。酒桌上我们讲了很多，通过政策的感召，感情的引导，以及良知的唤醒，他认识到自己的错误。

第二天，他主动退了12万元。

那个案件前前后后追回来20万左右的款项。这在当时的渑池县是一个很大的数目，我和老史都很有成就感。

老史这个人对待工作，极端认真。我还记得那天我们凯旋的情景，山东刮着凛冽刺骨的寒风，吹在皮肤上会觉得生疼，我们在黄昏时分到达了火车站，打算返回渑池。

我们带着一大包的票据，要回去做整理。老史让我待在售票大厅那里等着，他要去买票。

他说："你可要小心点，这可是我们的全部'家当'。"他在任何时候，都不会疏忽了自己的工作。

我说："行。你去吧，快去快回。"

等票的时间有点长。那个地方正好是个风口，我实在忍受不住寒冷，看到对面有一个小隔间，就走过去避风取暖。

他回来的时候，看我已经不在原来等他的地方了，就着急地叫我，就像是丢了自己的命一样。我们包里面放着的，不单单是工作，更是沉甸甸的责任。

我和老史，一起工作了两年，那是我们高密度合作的两年。初见老史，他会给人一种亲切感，我相信即便是犯人，对他的第一印象也是这样的。但是深入了解，特别是在办案的时候，他会针对一个问题打破砂锅问到底。这个问题如果他从一个角度说不通你，或者没有问出来他想要的答案，他会再换角度去问，然后不停地换，最后被告人会受不了。在他抽丝剥茧的审问中，再牛的人都会败下阵来。

我们一起办理过渑池县公安局一个领导的案件。那个人刚进来的时候，特别厉害，说要告我们污蔑他，说自己有多大的能耐，能请来更大的领导来为他解围。面对这样的被告人，光有勇气去应对是远远不够的。那次老史让我见识了一个检察官的有勇有谋、智谋双全。

被告人刚开始十分嚣张，不承认自己犯的错，更不承担自己应该承担的社会责任，还打算上诉告我们。老史没有被他这种"气场"给吓到，而是非常冷静地一条一条地跟他开始对案件，一点点地审问他，语气平和，细致入微，思路清晰理性。最后，这个嚣张的被告人终于露出了破绽。

当他被我们抓住了犯罪的把柄的时候，他终于像泄了气的气球一样，颓唐而沮丧。

有一天，他的妻子来这里看望他。他们商量了一会儿，他妻子走到我和老史面前，扑通一声就跪了下来……

法律面前，人人平等，老史看待每一个被告人也都是平等的。若是有冤屈，定会帮对方解围；若是犯了法，不管是谁定会绳之以法，毫不留情，给社会和群众一个交代。

和老史一起工作的两年，是我进步最快的两年。如果不是我的个性与他相投，那么也是很难跟上他的节奏的。他工作起来太拼命，效率很高，一般刚毕业的年轻人会觉得承受不了。但是我承受了，所以收获很多，这也形成了我后来工作中的行为习惯和方式。

虽然我们之间相差一些岁数，但是我和他就像是忘年交，会觉得内心深处走得很近。常人说，物以类聚，人以群分，大概就是这样的道理吧。

渑池县财政局许天祥：
检察院居然有老史这样一个"账仙儿"

我和老史认识，也是缘于一个案件。1989年，渑池县洪阳乡赵窑村牵扯到洛阳玻璃厂的矿山要占地，转了100多万的款项。但是在后期运作的过程中，对不住账，差了4万多块钱。本村一个会计涉嫌贪污。

老史就是来处理这个案件的。我当时在财政系统，被调到这里配合老史调查这个案件。

我当时极不情愿来到这里。因为印象中，检察院的人都很厉害，也很容易得罪人，我来这里协助办案肯定是个出力不讨好的事。

但是，后来办案过程中的很多事，改变了我的初次印象，也让我和老史成了至交。

自从着手办案，老史基本上就扎根在这里了。在最初20多天的时间中，他"从群众中来，到群众中去"，调查案情，组织召开干部座谈会，不分白天黑夜地工作，特别执着。

通过与他多次的合作、交往，我慢慢才发现，老史这个人一身正气，疾恶如仇，做人做事非常公平公正，办事更是踏实。

每次忙完工作，他从不让这里的人们搞接待，更不出去喝酒，而是在餐厅吃一碗面，或者两个馒头一碗汤，绝对不让这里的财政破费。从他与这里的群众交往的一点一滴可以看出，他特别清廉、朴素。

在办案能力和业务素质上，我更是佩服他。看到他在办案中查账、算账的认真劲儿和专业度，连我这个专业的会计都叹服：检察院这么一个系统，居然还有你这样一个"账仙儿"？老史真的是文武并用且文武双全。

账目中，哪个环节容易出错，哪个环节不会出错，他脑子里就像是有个检测仪一样自动检测出来。办起经济类的案件，就像是猫抓老鼠一样，一抓一个准儿。

我自己也是会计出身，喜欢这个专业。所以当我发现他计算能力、审查能力这么强时，突然像是找到了知己。

再说他的工作态度。他这个人工作非常认真负责，且很有耐力和耐心。我们查到的这个会计，是当兵出身的，也接受过严格的管理和教育，按说不应该出现这样的错误。我们也想帮助他，但是这个案件关系到这个村子前前后后5年的账目，依然有4万块钱对不上账。关于这个结果，他自己不能理解，当然更不会承认。

这个会计觉得很委屈，自己没有花这笔钱，怎么就没有了呢？他找到了我说这个事情，希望我再努力去帮帮他。他再三恳切地跟我说，自己真的没有花这笔钱。看到他诚恳的样子，又想到他还年轻，且有家庭需要照顾，我再去找老史请示一下吧。

老史听取了我的意见后，说：“我们再想想办法。”接着重新查，看到底是哪儿的问题。他让我重新买了一个账本，我们决定重新梳理一下这5年的账，把每一笔钱的来龙去脉重新做一个整理。如果最后收支平衡，就是没有贪污，如果少了，我们也没有办法帮他了。

关于这个决定，我们又在全村开了一次会议，把事实情况以及解决办法跟村民以及被告人解释得非常清楚。这个案件既要得到群众认可，又不能让被告人有冤屈，只有用这种办法。如果数目对不住的话，被告要把差的钱补上去，至于政策上对他怎么处理，需要上级批示。

当事人、群众都认可之后，我们不谋而合地找来了全部的原始单据。看着一大包的原始单据，我们都没有退缩，加班加点地继续干下去。

就这样，大概用了两天两夜的时间。我印象中，我们都没有走出那个算账的房间，一直坐在那里一动不动地整理账单。那时候正是收麦子的时候，天气很热，很闷。我们坐在屋子里，汗流浃背，奋笔疾书，通宵达旦。

直到第二天晚上的时候，我瞌睡的眼睛开始撑不住了，写着字笔就开始往下掉。老史看到我这样，说：“你去休息一会儿吧，我继续写。”就这样，他又继续坚持了一个晚上。

最终，我们把那个村子那几年的账全部整理出来了，清清楚楚，明明白白。当地群众和当事人都无话可说，账目对不上的钱，当事人全部拿出来了。但是由于犯了罪，他还是被判刑了几年。

对于这个案子的最终判决，当事人没有怨气。他知道，我们已经尽力去帮助他了。

后来他从监狱出来之后，我们在路上相遇过，那时候我在洪阳会计所当所长，他见到我很客气地跟我打招呼。聊起当年的事情，他说："哥哥，虽然我在里面待了5年，但是我并没有怨恨，对老史这个人更没有意见。那些账是我糊涂了，我也认可老史办案，合情合理，没有坑咱。"

一个曾经的犯人还能感谢、认可审判他的检察官，这实在很难得。我跟老史一起工作就这一次，但是成了一生的朋友。

也因为我们都很会算账，所以觉得心里很近，更有遇见了知音的庆幸。

我们这些人性格上都有些耿直，也很有个性。一生没有仕途的前景，可能与我们自己的思想独特、不会圆滑有关，但是同时这又让我们活得洒脱快乐。

检察院同事李红军：
老史既是办案高手，更是可以托付的挚友

老史的办案能力很强，这是众所周知的。我经常和他一起去办理经济类的案件，都和查账有关。印象中老史经常都是在账单堆里，十分仔细地、认真地、一张一张地把账单、票据全部整理完毕。

这是他工作的常态。票据堆成山，他一点没有埋怨，更不觉得烦琐。仿佛眼前的"大山"就是他要越过的一个山顶，他会觉得是一种自豪。

老史整理账单，会把每一天、每一个月、每一年的账单都整理得清清楚楚。这样在跟当事人对质的时候，可以直接拿出数据说话，拿出十足的证据，让对方信服。如果是冤假错案，老史也定有力挽狂澜、平复冤案的能力。

我佩服他对工作的态度，欣赏他工作中的方法和能力。

我在跟他共事的这些年中，十分佩服他的业务能力，更欣赏他的个人品格。他是个值得信任与托付的挚友。

1985年，我和老史一起去武汉办理一个案件。单位的一位老同事师蓓听说我们要去武汉，就来找我们，让我们帮他办一件事情。

其实这件事情，与案件没有什么关系，但是让我印象深刻。

我们这位老同事的一位多年未曾谋面的战友，曾经给他寄过一封信。在信件的封皮上，有他战友在武汉的地址。由于许久没有联系，当时的交通与通信水平又不发达，所以这位老同事与自己的战友一直没有联系到。

人越老就会越思念自己的亲人和朋友，战友之间的生死之交更是令人怀念。我和老史感受到了他对于朋友的挂念，决定在办案之余，帮助他寻找他这位在武汉的好友。

于是，我们带着单位老同事的"一封信皮"出发了。

到了武汉，我们先去忙我们的案子。等到案子处理完了，我们就拿着"信皮"，四处打听。

穿越武汉的大街小巷，问了很多路人与当地的居民，终于打听到，信上的地址位于武汉市区的老城区。那个地方正在拆迁，而当地的住户早已经搬迁。

而搬迁到了哪里，我们要重新寻找。

在那个信息不发达的时代，我们的寻找很有难度，只有不停地走，不停地问。

老史租了一辆三轮车，带着我，就这样继续穿越大街小巷。武汉的道路，上坡下坡处很多。我记得在一个上坡的地方，他让我扶着车子，自己推车，一用力，把自己穿的鞋都扯烂了，鞋帮开裂了，露出来脚趾。但是我们还得继续往上推车，往前寻找。

后来我们求助了当地的街道办，才打听到了老同事战友的一个侄女的住址。我们又赶往他的侄女家，通过他侄女，我们终于找到了老同事的战友，把

"信皮"交到了他的手上，并向他转达了我们老同事对他的思念。

两位战友终于可以"联络"上了。虽然我们费尽周折，累得满头大汗，但是心里美滋滋的。总算是了却了老同事的一桩心愿，我们也很有成就感。

老史就是这样的一个人，朋友让他帮的忙，他都会尽力帮到底。他更不会辜负别人对他的信任。

古人说：君子一言，驷马难追。老史就是这样一个重信用、重承诺的人。

其实，类似于这样的事情还有很多，这也是我们能够成为一生好友的原因。因为信任，因为他是一个不会辜负友情的人，是值得信任的人。

我的父亲史点学

史颜芳

歌词里都这样唱：父亲是儿那登天的梯，父亲是那拉车的牛。现实中，我的父亲是一位严肃中带着关爱，关爱中却不会溺爱的人。

在我零碎的记忆中，母亲身体一直不太好，但她用羸弱的身体为我们撑起了家里的半边天。那时家里收入低，但我们姐弟四人都没有因此而饿肚子、生活依然有滋有味。而父亲伟岸和健硕的体魄，为儿女及母亲提供了一个安全的避风港，使我们能愉快、平静地过上并不比别人差的童年生活。

还记得小学四年级的时候，一次偶然的机会，我和同学一起去了游戏厅。当时的游戏厅并非现在的比较高大上的地方，其实就是小卖铺里边放了两台小电视，再连接上读卡机，插上游戏卡带就可以玩的那种。我还记得游戏名字叫魂斗罗，游戏的新鲜感立刻充斥了大脑中的每一根神经，我就这样迷上了。

因为家里并不富裕，所以只能是隔很久才能玩一次。这就更勾起了我的兴趣，每到放学后就经常去小卖店里，没钱玩的时候就看别人玩。这样的日子过了有两三个月，直到学校考试，平时所有的"努力"在成绩上立刻显现出来：不及格。

此时我才意识到问题的严重性。因为我每天都在想如何能玩游戏，把学习丢到了一边，不及格的成绩是对自己不务正业的一点惩罚。

拿到成绩单时我心里忐忑不安，这样的成绩回家会不会挨揍呢？没办法，听天由命吧，回到家硬着头皮把成绩单交到父亲手上，随后父亲的脸色阴沉了下来。看到父亲的眼神，我害怕地低下了头，脑中一片空白。

但父亲并没有像我想的那样急风暴雨般暴揍，而是停了好一会儿才问我，为何考的成绩不好，原因在哪里？

我一五一十地把原因给父亲讲完，并保证今后不再玩游戏了，一定把学习成绩搞上去。直到这时，抬起头来才看到父亲本来阴沉的脸色，突然变得温和起来。此时的我再也忍不住地哭起来，这泪水中包含了害怕、委屈、决心。

那件事过去后的一学期里，我努力学习，终于在期末考试时拿到了较好的成绩，并顺利升到了五年级。在我的不断努力下，一年后我考上了县里的实验中学。

父亲在检察院工作，平时工作非常忙。有时为了一个案件，连续几天都不回家。偶尔回家也只是短暂的停留，拿几件换洗的衣服就又走了。

经常见不到他的人，我心里不免会有一丝不高兴。中学的生活是枯燥无味的，每天的学习任务异常繁重。一次偶然的机会，得知父亲要到监狱去提审犯人，我死缠烂打要求一起去，最后父亲同意了。

站在监狱的大门外，威严的国徽及建筑让人肃然起敬。大门缓缓打开，听到开门的声音，让我有种不寒而栗的感觉。我不禁打了一个冷战，当时第一感觉是，这辈子坚决不干违法的事情。

进入提审室，犯人随后也被带到。接下来的一幕让我感到匪夷所思，父亲拿着一个布兜来到了犯人面前，他从布兜里边掏出了馒头、黄瓜等一些吃的东西，我愕然了。

我经常在电视中看到提审犯人。那些工作人员经常会对犯人声色俱厉地呵斥，甚至拳打脚踢。怎么我的父亲会是这样的一种审讯方式呢？大概几分钟后，犯人狼吞虎咽吃完了东西，审讯正式开始。

由简入繁，步步深入，环环相扣。在父亲及办案人员的共同努力下，犯人的顽固抵抗思想被打垮，如实交代了自己及同伙的犯罪事实。通过这一件事，我重新认识到了一个不一样的父亲，聪明、睿智、审时度势。这些事情也让我得到了一些启发：对待工作要一丝不苟，善于观察和利用每一个细节，从细微处着手，逐步深入并最终完成整体工作。

随着一点点长大，青春期的少男少女们进入了叛逆期。很不幸我也是其中一个，只要有一点不顺自己的心意，就会和父母闹。但并不是像别人那样大吵大闹，我的选择是冷战，不管父母温声细语还是措辞严厉，我始终都不予理会，一心只按自己的想法做。

经过无数次的冷战，高中毕业了，我有幸被江西南昌大学录取。拿到通知书时，别提心里多高兴了，心想尽快离开家，离开父母，去寻找属于自己的自由天空。

开学的时间到了，父亲送我去学校。第一次离开家乡到远方求学，心中无比兴奋，坐在火车上，感觉什么都是新鲜的。途经湖北，正值1998年的抗洪抢险。铁道旁边的大堤上躺着很多官兵，看面孔觉得有很多是和我年龄相仿的人，心中不免荡起一层涟漪，有敬佩，有忧伤，更多的是再看到父亲当时的表情时那种说不出来的感觉，怪怪的。

我们坐了一天一夜的火车，终于到达终点站——江西南昌。父亲带着我报完名、安排完宿舍，坚持要回家。忽然，我的心里有一种依依不舍的感觉，我这是怎么了？把父亲送到车站坐上车，火车徐徐开动了，当我看到父亲忧伤的眼神时，我的泪水瞬间像决口的大堤喷涌而下，愧疚、不舍、孤独，各种复杂的心情无以言表。我穿过人群躲到了火车站卫生间里，畅快淋漓地大哭了一场，许久，许久，我才踏上了回学校的公交车。

时间在流逝，我也成家并有了自己的孩子，看着他们一天天长大，发现他们越来越像小时候的自己。生活中的许多情景如同电影一样在我眼前一次次重复播放，猛然发现父亲和母亲都老了，以前明亮的眼睛现在却变得混浊起来，身体也没有以前挺拔，行动也缓慢了许多，但他们还是像以前一样照顾我们。遇到事情，我还是习惯让父亲出谋划策。生活中，父母尽量把能干的事情都干了，给我们减轻负担。

现在，家庭的接力棒传到了我的手中。我要像父亲一样用全身心照顾父母、子女、妻子，照顾我们温馨的家。对待工作也要一丝不苟，善于发现，积极主动去完成，做一个像父亲一样伟大的人！

我的爷爷史点学

史磊

爷爷今年74岁，身体健康，精神愉快，生活也很有乐趣。我们一家人在一起，欢天喜地，心里觉得很幸福。

爷爷是一个正直、善良、办事认真的人，最关心我、照顾我最多的人。我很喜欢爷爷、奶奶，也很感激他们。

我出生后，妈妈因身体原因不能照顾我，所以我一直被爷爷奶奶照顾着，直到五岁。我三岁上了郑州牧专幼儿园，每天都是爷爷接送。爷爷生怕我受委屈，给我买好吃的、好玩的。

他怕其他的小孩打我，就跟着我进教室，把我交给了老师才放心离开。放学后，再陪我玩够了再回家。他对我照顾有加，对我要求也极为严格，要求我按时睡觉，按时起床，按时上学，上课认真听讲、不作小动作。正是因为对我严格要求、关心、爱护，我才有了现在的优异成绩和好的习惯。

我的爷爷做事情是一丝不苟的。别人委托他的事，他都想方设法去办成，得到别人满意，达到完美的地步。有一次暑期在老家，我想要一个陀螺，但是这种玩具在农村没有卖的。爷爷有办法——他选了一根洋槐木棍，手工给我制作了一个木陀螺，同时也给我两个小侄子各做一个，他用旧布条做鞭子，打着很好玩。玩起来又新鲜又锻炼身体，我和两个小侄子玩到最后开始比赛，看谁的陀螺转的时间长，我心里又满意又高兴。

最近爷爷写了一篇回忆录。我看了之后，觉得爷爷的一生真不容易，每一字、每一句都给我小小的心灵留下了深刻的影响。爷爷被同学诬陷，他的饭票晚上睡觉时被人拿走了，说是爷爷偷的。爷爷是个正直的人，绝不会拿别人的东西。

我看了都替爷爷生气。爷爷忍受不了这样的侮辱，放弃了学业走上了社会。后来爷爷因工作优异被领导发现，调入检察院，成了一名检察官，一生中办理了无数起案件，都体现了正义的威力。爷爷是一位伟大的人、善良的人、乐于助人的人。我爱我的爷爷！

哥对我的人生改变太多

史群学

我们这个村子，以前全是土坡。我们以前去县城要靠走路，走一条很小的道，大概七公里的距离。

几十年过去了，这个村子发生了翻天覆地的变化，焕然一新。

从前的土路、坡路变成了现在的柏油路和水泥路。路的两旁，一年四季种植着玉米和麦子。

这几十年，我的人生也发生了很大的变化。认真回想一下，人生中对我影响最大、改变我人生道路的，是我哥史点学。

我哥那年从学校回来之后，就去县城开始工作了。一个月挣个十几块钱，对一个年轻人来说，很紧张，但是在这种困境下，他还要照顾着整个大家庭，很辛苦，也很不容易。通过几十年的奋斗，他拥有了如今的一切，也到了退休的年龄。回忆这一生，他留下了许多值得纪念的事，所以要写成这本书。这对我们整个大家庭来说，都是一件值得骄傲的事情。

我二十岁时，因为家庭的贫穷，村里给我说个媳妇是很难的，因为这样的家庭别人是不愿意嫁过来的。

当时媳妇要的东西主要是缝纫机，这对当时的我来说是很难办到的。但是我哥想尽一切办法，克服了困难帮我买了。后来结婚生孩子，给孩子过满月的时候，不知道怎么去操持，这些生活的事情我们料理不了，我哥就来我家给我帮忙。那时候他既是厨师，又是总管，又是服务员，总算把人生的大事都帮我办了。

我们的父母，没给我们留下什么。在很多年前，粮食都紧缺的时候，我哥只要自己有的东西，都会给我们带回来，因为他觉得我们更需要帮助。没有房子住，我哥就把自己的房子让给我。现在我住的这座房子、这个院子，还是当年他给我的。现在回忆起来很多事情，我或是因为没有力量，或是因为没有钱，但是我哥只要认可了，就会帮助我去完成。

他这个人从小脾气就很好，能吃亏，能吃苦，为人良善。他这一生很不容易，他经历的事情，我想起来也会很难过，看到他现在过得好，我也觉得很开心。

我哥不但对亲人很好，对外人也是这样。他说过，自己是贫苦出身，所以愿意去帮助穷人。只要自己有一分力量，他都要力所能及地去创造、去帮助需要帮助的人。

这也是他能在检察院系统干得很成功的原因吧。因为为人良善、公正，所以在办案的时候，就能更加公正、公平，让群众满意，让当事人也心服口服。

现在，我的生活也变得越来越好了，除了我哥当年对我的帮助，也有他在精神方面对我的指引。他廉洁奉公、一心为民、勤劳吃苦的人生态度影响着我，影响着我们整个家族。

所以，从我当上我们村村干部的那天起，我也沿着我哥走过的路走下去。我们村里现在修了路，架了桥，村子周围有绿树与水库环绕，周末这里便成了一个景点。人们安居乐业，大家开心，我就很开心，我想我哥也定会为我骄傲的。

走在回村子的路上，在蜿蜒的小道边，我们还能看到那已经坍塌的窑洞的痕迹，那里面已经长满了野草，树根也在上面盘结着。秋天到了，路边的柿子树结满了柿子，摇曳在秋风中，每当这个时候，我就会回想我们小时候的事情。小时候我们也会因为一些事情吵架、打架，但是吵完、打完还是一起在外面奔跑着玩儿。

大人们都说，小时候我哥是被二姐抱出去，跑了好几里路，躲了起来，才逃脱了日本人的刀枪。所以我哥这一生，是大难不死，必有后福。

现在他年龄越来越大了，但是他的福气，会一直持续下去。祝福他，也祝愿我们整个家族，越来越好。